中國武術規定套路②

中國武術系列規定套路編寫組　編寫

劈掛拳

大展出版社有限公司

中國武術素以歷史悠久、內容豐富、流派眾多而著稱。據1986年業已結束的中國全國武術挖掘整理工作調查統計：在中國源流有序、拳理明晰、風格獨特，自成體系的拳種有129個。

為了使這些古老拳種重放異彩，更好地為全民健身服務，為武術走向世界創造條件，國家體育總局武術運動管理中心、武術研究院從1995年開始，對一些流傳廣泛、影響較大的拳種進行了系統的整理，並在此基礎上創編了系列規定套路。

首批列入系統研究整理的拳種包括：螳螂拳、劈掛掌、八極拳、形意拳、八卦拳、南拳、少林拳、太極拳、通臂拳等等。

系列規定套路拳種整理工作得到了各有關單位領導的大力支持，也得到了部分老武術家、老拳師和武術工作者的極大幫助，在此謹表謝意。

由於我們水平有限，工作中難免有不足之處，敬請各位讀者批評指正。

編者

目　錄

5

目

錄

劈
掛
拳

第一章

概　述

第一節　整編劈掛拳競賽規定套路概況

　　劈掛拳系列規定套路的整編工作，是在中國國家體育總局武術運動管理中心、武術研究院的領導下；責成滄州市體委具體組織領導下進行的。

　　這項工作的意義在於，更好地適應國內外武術普及發展的需要，使武術在實施全民健身計劃中更好地發揮應有作用，為中國人民和世界人民的健康服務。

　　這項工作也是我國武術挖掘整理工作的繼續和深入，是為即將實施的中國武術段位制在廣闊的民間奠定一個統一、標準的武術套路基礎。因此，我們認為這項工作的意義是深遠的、重大的。

　　我們根據有關要求確立了以繼承與發展相結合、普及與提高相結合的宏觀指導下的四項整編原則：

　　1. 傳統性原則：首先以原有的豐富的劈掛內容為素材，保持它固有的技術特點。其次，集中傳統套路的精華動作，在原有套路的基礎上調整動作組合結構和套路布局，使其演練特點進一步昇華。保留它樸實無華的風格，不摻雜其他拳種的動作特點。

　　2. 系統性原則：劈掛系列套路實際上是一套系統的武術

教材。如它的內容包括源流發展、風格特點、技術要領、基本技術規範、功法練習、初級拳術套路、中級拳術套路、高級拳術套路和有代表性的長短器械套路等等，內容上由理論到技術；技術難度由簡到繁，由淺入深；動作數量由少到多；套路的運動量由小到大。全書內容以及各部分之間的關係，均保持漸進性、連續性和全面性的特點。劈掛拳的確是一套便於普及、提高的系統教材。

3.競技性原則：在中、高級拳術套路和器械套路的編排中，與武術套路競賽規則要求進行了適應性的對照。首先在套路布局方面要適合在8公尺×14公尺的場地上進行演練，使之場地運用合理，運動線跡分布均勻。其次，全套路演練時間在一分鐘以上，以適合比賽時間的要求。

另外，要突出劈掛的風格特點。同時在高級拳術套路動作的手、眼、身、步的配合上，速度、勁力、協調等的難度和運動強度方面都要達到全國比賽的標準要求。

4.科學性原則：首先使其符合人體生理特點，避免生拉硬搬的違反關節活動規律的動作，動作合理是防止傷害的起碼要求。其次要使套路、段落、組合的編排、合理利用中度性原理，使全套演練順達、流暢；更能表現劈掛之特點。

另外，科學性原則中也包含著系統性的內容，我們在全部內容的整編中，確定了它們之間相互聯繫、循序漸進、相輔相成的關係：

（1）基本技術選了基本手型、步型及單個手法、腿法、步法等。使練習者開始逐步掌握劈掛的基本型和基本法。

（2）功法練習選了一些臂功練習、肩功練習、腰功練

習和腿功練習以發展練習者的以柔韌性為主的劈掛運動所必需的技能能力。

（3）初級拳術套路突出基本技術，以發展練習者的動作協調、連貫的技術能力，使之初步認識和了解套路的運動規律和特點。

（4）中級拳術套路，以初級拳術套路為基礎、擴展動作數量與難度要求，以發展演練者的演練意識與技巧，以及較全面的身體技能能力。

（5）高級拳術套路更進一步擴展動作數量與類別，提高演練難度的要求。它是以當前武術套路競賽規則為標準，以參加全國比賽為目標，能充分發揮個體潛在運動技能能力的套路。

第二節　劈掛拳簡介

一、劈掛拳發展簡史

劈掛拳歷史悠久，在明代中期，就流行於民間。愛國將領戚繼光（1528～1587）在《紀效新書》中，對劈掛拳就有精闢的論述。他說：「活足朝天而其柔也。」這是指劈掛拳腿法靈活對該拳「提膝護胸，伸足朝天，左右抹面（十字披紅）」等腿法的妙用之贊譽。並在《拳經捷要篇》中，把「拋架子搶步披掛」一招列入「擇其善者」而編成的三十二勢長拳之中。

戚繼光之後，到清朝中期，河北滄州出現劈掛拳的兩大支。一支是滄州南皮大龐莊郭大發。此人早年在京保鏢、武

功非凡，後為皇宮禁軍護衛。這一支傳授的內容是劈掛拳的快套、掛拳等。而另一支，是滄州鹽山大左家村左寶梅（人稱左八爺），他傳授的內容是劈掛拳慢套和青龍拳。

至民國初的一百多年，滄州演練此拳的人逐漸多了起來。隨之，劈掛拳名人輩出。其中最著名的有：蕭化成、李雲表、趙世奎、黃林彪、郭長生、馬鳳圖、馬英圖、曹晏海、左清甲等。

1928 年在南京成立了中央國術館，任國術館少林科科長的武術大師馬英圖和國術館特聘教授、武術大師郭長生，恰是當時滄州鹽山、南皮兩支劈掛拳的代表人物。二人一見如故，相互切磋技藝，使長期分離的兩大支劈掛拳「破鏡重圓、合為整體」。

繼之，二位先輩對原來的劈掛拳重新進行修改，修改後的劈掛拳「神韻倍增、面貌全新」。可以說這是劈掛繁衍傳承中一次質的飛躍。

劈掛拳原傳流中無器械套路，郭長生、馬英圖兩位先輩，為使這一優秀拳種系統化、完整化，在 30 年代初，創編了瘋魔棍、劈掛刀。從而填補了劈掛拳系沒有器械套路的空白。之後，郭長生又集苗刀之精華，並揉進了劈掛腰法和通臂步法，編創了較一路苗刀連擊性更為突出的二路苗刀，此後苗刀也被視為劈掛拳系中的一個器械套路。

1937 年，郭長生歸故里後，繼續對劈掛拳進行精修研求，進而總結了快、活、多變、力沉長的技術特點。

1984 年，滄州體委成立了滄州武術館，設劈掛拳班，面向全國招生，先後辦了四屆培訓班，學員來自二十九個省、市、自治區，劈掛拳傳播到全國各地。1987 年開始有

日本學生專程來北京體育大學、滄州學習劈掛拳。

1976 年至今，劈掛拳、瘋魔棍、劈掛刀、苗刀在全國武術錦標賽、全國武術觀摩交流等大會上，共獲得十幾枚金牌，在全日本武術比賽中獲得 7 枚金牌。中日武術交流大會上獲得一等獎金牌一枚。1991 年在美國西雅圖世界武術比賽大會上劈掛拳獲銀牌一枚。

1996 年 11 月，在國內外有識之士的發起倡導下，成立滄州通臂、劈掛拳研究總會，推舉郭瑞祥為會長，會後日本沖繩、我國上海、北京、浙江、吉林相繼成立了分會，使劈掛拳這傳統技藝在全世界有了一個統一的組織。

至今，劈掛拳在全國乃至國外已是一個內容豐富、傳流廣泛、知名度較高的拳種。

二、劈掛拳套路內容

目前，在甘肅一帶廣泛傳流的拳術套路有：一路劈掛、二路青龍、三路飛虎、四路太淑和大架子。在滄州一帶廣為傳流的拳術套路有：掛拳、青龍拳、慢套劈掛、快套劈掛和炮錘。器械套路有瘋魔棍、劈掛刀、通背劍，亦稱提袍劍、苗刀等。

據《中國武術拳械錄》詳載如下：

（一）徒手套路

1. 劈掛拳慢套

動作名稱：

（1）出勢；（2）前劈手；（3）掛穿掌；（4）下勢；（5）穿林；（6）刁擺；（7）上步壓打；（8）上步掌；

劈掛拳

（9）後橫；（10）三環套月；（11）烏龍盤打；（12）雙撞；（13）滾臂；（14）五龍盤打；（15）起勢；（16）提腿下劈；（17）戳指掌；（18）單扯肩；（19）野馬奔槽；（20）抄手起腳；（21）壓打；（22）翻身左開門炮；（23）錘；（24）倒發五雷；（25）下打撩陰；（26）抹面拳；（27）打陰拳；（28）轉身磨橫；（29）後橫；（30）弓步劈掌；（31）轉身闖掌

收勢

2. 掛拳

動作名稱：

（1）提拳上陣；（2）大跨步；（3）下蹲步；（4）空中三拳；（5）野馬奔槽；（6）抄手起腳；（7）亮掌；（8）上步五龍盤打；（9）起見腳；（10）戳三拳；（11）左右環繞；（12）上步跳沖拳；（13）下劈壓打；（14）金雞獨立；（15）翻身撩陰；（16）轉身上步掌

收勢

3. 青龍拳

動作名稱：

起勢

（1）青龍出水撩陰掌；（2）下攔掌；（3）行步穿掌（少錘）；（4）沖天掌；（5）下壓（彈）；（6）掄掌左沖拳；（7）墊步搶劈左沖拳；（8）下把撩拳；（9）亮掌；（10）青龍探爪；（11）擺踢；（12）下闖掌；（13）翻身掛；（14）金雞獨立；（15）仆步穿掌；（16）挫臉；（17）外擺腿；（18）右裡合腿；（19）單扯肩；（20）超手起腳；（21）翻身亮掌；（22）反滾劈；（23）翻身下壓

拳；（24）仆步按掌；（25）行步跳；（26）騰空外擺蓮；
（27）旗鼓勢

收勢

4. 劈掛拳快套

動作名稱：

（1）撩掌提膝；（2）鳳凰三點頭；（3）仆步按掌；
（4）跑步崩拳；（5）翻身提膝穿掌；（6）跳步撲地；
（7）回跳併步下炮；（8）回跳步分掌；（9）退步推掌；
（10）跳步分掌；（11）烏龍盤打；（12）起步蓋拳；
（13）跳步墊步雙樁；（14）跳步下炮；（15）墊步雙樁；
（16）回身單劈；（17）馬步烏龍盤打；（18）虛步下砸
拳；（19）提膝後劈掌；（20）跳步插掌；（21）陰陽鴛鴦
踹腿；（22）落步雙樁；（23）轉身直掌三拳；（24）撲地
按掌；（25）弓步推掌；（26）提膝上推掌；（27）墊步撲
地；（28）跳步巧地龍；（29）跳步撐拳；（30）轉身拽
拳；（31）馬步推掌；（32）跨腿

收勢

5. 白猿三出洞

動作名稱：

（1）四平式；（2）雙捋對捶；（3）雙砸捶；（4）挪
步朝陽止；（5）走馬分鬃；（6）下打撩陰；（7）上打朝
陽；（8）挪步抬拳；（9）併步躲法；（10）百雞分窩；
（11）朝陽式；（12）撥草尋蛇；（13）山澗跨沖拳；
（14）螺旋式；（15）穿袖穴步；（16）虛步挑掌；（17）
野馬奔槽；（18）鵲雀穿枝；（19）野馬奔槽；（20）順手
闖帳；（21）落步摘桃；（22）上步尋桃；（23）返身瞭

望；（24）鳳凰抖翎；（25）上打朝陽；（26）挪步抬拳；（27）右左碾黏步；（28）金雞亂點頭；（29）跳步連環捶；（30）虛步支掌；（31）狸貓抓鼠；（32）狸貓摔鼠；（33）白猿望月；（34）進步沖拳（4次）；（35）弓步沖拳；（36）臥拳；（37）左右三環套月；（38）霸王舉鼎；（39）雙砸捶；（40）擒虎式；（41）泰山壓頂；（42）提眉照鏡；（43）上步撩陰掌；（44）削掌踹踝；（45）套環掌；（46）翻身反劈掌；（47）金雞亂點頭；（48）點頭換羅成；（49）返身瞭望；（50）左右劈掛；（51）倒翻五雷；（52）跳步撲掛；（53）旱地拔蔥；（54）連環捶；（55）勒馬式；（56）燕子三朝水；（57）鷂子穿林；（58）擠步雙闖（掌）；（59）抬拳；（60）挎拳；（61）懷中抱月；（62）金雞落架；（63）操手起腳；（64）葉裡藏花；（65）回身丟鏢式；（66）撤步小看拳；（67）夜叉探海；（68）跳步雙撞；（69）白鶴亮翅；（70）單環套月；（71）嫦娥奔月；（72）通天炮；（73）穿地捶；（74）高探馬；（75）穿心捶；（76）雙砸捶；（77）鳳凰雙展翅；（78）鷂子翻身；（79）連環捶；（80）勒馬式；（81）白猿歸洞；（82）閉門獻桃

6. 抹面拳

動作名稱：

（1）併步抱拳；（2）扣腿雙插掌；（3）弓步捋手；（4）併步抱拳；（5）提膝雙掛掌；（6）背穿亮掌；（7）弓步合掌；（8）虛步雙按掌；（9）提膝雙按掌；（10）上步穿掌；（11）併步屈肘對拳；（12）併步抱拳；（13）丁步滾臂；（14）弓步劈拳；（15）提膝左劈拳；（16）仆步

穿掌；（17）虛步挑掌；（18）弓步撩掌；（19）提膝捋肘；（20）虛步左插掌；（21）提膝前穿掌；（22）插步左掛掌；（23）提膝左托掌；（24）右掛掌；（25）提膝右托掌；（26）虛步左插掌；（27）丁步滾臂；（28）仆步下插掌；（29）馬步架推掌；（30）提膝翻身反劈；（31）攔膝滾臂；（32）弓步單劈掌；（33）提膝按掌；（34）併步摟手；（35）丁步滾臂；（36）提膝滾臂；（37）弓步單劈掌；（38）震腳右劈掌；（39）砸拳；（40）踹腳上掛；（41）弓步探掌；（42）提膝前托掌；（43）仆步穿掌；（44）併步雙托掌；（45）擺扣步雲手；（46）左虛步亮掌；（47）併步直立

收勢

7. 劈掛拳（頭趟）

動作名稱：

（1）揮手虛步雙按掌；（2）進步併立按掌；（3）擰腰左掛右劈掌；（4）右掛左蓋提膝穿掌；（5）左仆步下穿掌；（6）左刁手右插掌；（7）右刁手左插掌探海式；（8）右轉體滾臂閃式；（9）仆步拍掌；（10）縱跳馬步架推；（11）倒插步背掛掌；（12）烏龍盤打；（13）回身蓋跳步雙剪手；（14）右弓步雙撞掌；（15）隔山扔虎；（16）落步右砸掌；（17）左弓步雙撞掌；（18）倒插步背掛掌；（19）右弓步掄劈掌；（20）回身左翻掌；（21）左弓步右劈掌；（22）左虛步穿托掌；（23）摟膝繞步；（24）擰腰切胯；（25）行步；（26）抄手起腳；（27）黃鶯覓食；（28）右轉體劈掌；（29）左提膝擰腰滾背；（30）落步左掛右劈；（31）右弓步劈掛掌；（32）丁步蓋

翻砸拳；（33）左劈掌；（34）右提膝格蹬步；（35）落步左劈掌；（36）回身劈掌；（37）半蹲步劈砸右掌；（38）弓馬步沖拳；（39）單掛耳；（40）下砸拳；（41）前跳步抄拳；（42）下橫掌；（43）怪蟒翻身；（44）仆步下蹲；（45）托拉步劈掌；（46）倒翻五雷；（47）左弓步挑掌；（48）虛步架推掌；（49）退步揮手

併步還原

8. 青龍拳（二趟）

動作名稱：

（1）虛步揮手雙按掌；（2）進步併立雙按掌；（3）雙貫腕肘；（4）雙龍吐珠；（5）蛟龍出水；（6）雙龍戲珠；（7）蛟龍入海；（8）出水吐珠；（9）撥雲見日；（10）倒發五雷；（11）青龍探爪；（12）雙龍擺尾；（13）歇步雙劈拳；（14）左轉體下摟手；（15）頂天立地；（16）右轉體挑托掌；（17）弓步架沖拳；（18）弓步架沖拳；（19）蛟龍出水；（20）丁步斜下掖掌；（21）左側踹；（22）磨盤腿；（23）左蹬腿；（24）行步；（25）掤架；（26）縱跳前蹬腿；（27）丁步蓋掌砸拳；（28）翻身劈打；（29）仆步拍掌；（30）縱跳穿掌；（31）弓步挑掌；（32）提膝托掌；（33）右弓步架沖拳；（34）雙揮手；（35）虛步雙按掌；（36）行步；（37）三大落；（38）弓步劈右掌；（39）虛步架推掌

併步還原

9. 燕形劈掛拳

動作名稱：

預備勢

（1）起勢；（2）扣腿雙穿掌；（3）齊步雙掛掌；（4）跳步三指掌；（5）燕子抄水；（6）燕子抄水；（7）燕子抄水；（8）躍步雙劈；（9）弓步肩撞；（10）仆步下拍；（11）弓步雙撞；（12）馬步雙掛；（13）叉步雙劈；（14）馬步雙架；（15）叉步雙劈；（16）馬步雙劈；（17）叉步雙劈；（18）馬步雙劈；（19）前叉步雙劈；（20）馬步雙劈；（21）烏龍盤打；（22）弓步雙擺掌；（23）弓步掫打；（24）弓步雙撞；（25）齊步掫打；（26）弓步雙撞；（27）馬步雙撞；（28）馬步雙劈；（29）前叉步雙劈；（30）馬步雙劈；（31）後叉步雙劈；（32）馬步雙劈；（33）前墊步雙劈；（34）馬步雙劈；（35）烏龍盤打；（36）弓步雙擺掌；（37）扣腿撩掌；（38）盤腿雙勾；（39）扣腿撩步；（40）虛步左插掌；（41）點腿掛劈；（42）上步二起腿；（43）丁步蓋掌；（44）弓步斬拳；（45）虛步插掌；（46）點步掛劈；（47）騰空前蹬；（48）弓步劈拳；（49）弓步扣劈；（50）翻身反劈；（51）馬步前探；（52）虛步右劈；（53）虛步左劈

收勢

10. 劈掛拳

動作名稱：

（1）左右鞭打；（2）虛步挑掌；（3）鷂子穿林；（4）仆步蓋掌；（5）馬步分掌；（6）海底撈月；（7）左劈掛分掌；（8）上步二龍出洞；（9）霸王折江；（10）海底撈月；（11）左劈掛分掌；（12）右劈掛穿掌；（13）按掌挌手起腳；（14）左拗步掌；（15）回身抬拳；（16）進

步劈拳；（17）回身右拗步單貫耳；（18）二郎擔山；（19）叉步反沖拳；（20）轉身雙峰貫耳；（21）回身挑雙掌

收勢

（二）器械套路

1.瘋魔棍

動作名稱：

（1）掄槍上勢；（2）刀出鞘；（3）扎搶撲地；（4）轉身撩棍撲地；（5）挖心摘眉；（6）騎龍式；（7）大鍬掘地；（8）走馬上任；（9）老翁耕田；（10）老虎蹶尾；（11）退步甩棍；（12）舞花扯旗；（13）轉身摔棍；（14）老翁破柴；（15）絞棍跳起撲地；（16）進步甩；（17）抹脖鈎腿挑襠；（18）上步蓋棍；（19）倒三槍鴻雁出群；（20）風卷殘雲；（21）背棍撥棍攔腰；（22）舞花；（23）提撩棍；（24）樵夫擔柴；（25）搶劈四門；（26）轉身刺心；（27）坐步攔搶；（28）黑白鷂子；（29）轉身摔棍；（30）滑步提撩；（31）轉身摔棍；（32）刺心撥尋蛇；（33）釣魚棍；（34）勒馬橫槍；（35）坐步扣拿；（36）悶棍；（37）擰身背棍；（38）躍起掄棍旋風棍；（39）背棍；（40）敬德倒拉鞭；（41）左右掄劈；（42）劈棍扎槍；（43）倒把劈棍；（44）烏龍翻江；（45）舞花；（46）十字披紅；（47）刀入鞘

收勢

套路特點：瘋魔棍又名五十四棍，俗名瞎子棍。其中棍式槍式最多，是馬英圖與摯友倭刀教授、通臂拳師郭長生默

契切磋，根據六合大槍、梨花大槍、瘋魔棍、陰手槍、倭刀的招式發而不隱、一氣呵成；暴而不柔，使力盡發而不留餘地。適於體高、力大者演練。體現出挑、點、崩、搶、劈、撩、攔等棍法特點。獨具一格，樸實無華，招招不空。

2.劈掛刀

動作名稱：

預備勢

（1）虛步抱刀勢；（2）劈刀式；（3）轉身劈勢；（4）斜砍刀勢；（5）轉身抹刀；（6）劈刀勢；（7）轉身劈刀勢；（8）斜砍刀勢；（9）轉身虛步抹刀；（10）劈刀勢；（11）滾劈刀勢；（12）攔腰刀勢；（13）轉身虛步抹刀；（14）劈刀勢；（15）轉身躍砍刀勢；（16）敬德倒拉鞭勢；（17）躍身轉身攔腰刀勢；（18）虛步抹刀；（19）右撩刀勢；（20）霸王舉鼎刀勢；（21）理刀勢；（22）偷步下劈刀勢；（23）翻身刺刀勢；（24）轉身藏刀勢；（25）虛步抹刀勢；（26）左斜砍刀勢；（27）右斜砍刀勢；（28）左跳砍刀勢；（29）反手攔腰刀勢；（30）纏頭裹腦勢；（31）收刀勢

抱刀收勢

3.一路苗刀

動作名稱：

預備勢

（1）虛步按刀勢；（2）轉身刀出鞘；（3）上步攔腰刀勢；（4）右獨立勢；（5）左獨立勢；（6）迎推刺刀勢；（7）低看刀勢；（8）背砍刀勢；（9）轉身斜砍刀勢；（10）迎推刺刀勢；（11）漫頭舞花刀；（12）上步轉

身左撩刀；（13）拗步斜削刀勢；（14）迎推刺刀勢（三刺東洋）；（15）收回上弓刀勢；（16）滑拿一刀勢；（17）回身劈刀勢；（18）退步單提刀勢；（19）單刺刀勢；（20）肩擔刀勢；（21）戳把；（22）右斜削刀勢；（23）左提撩刀勢；（24）右提撩刀；（25）右跳砍刀勢；（26）藏刀勢；（27）左跳砍刀勢；（28）朝天刀勢；（29）左定膝刀勢；（30）右定膝刀勢；（31）拗步削刀勢；（32）弓步刺刀勢；（33）跳刺刀勢（浪裡三跳）；（34）回身左撩刀勢；（35）右撩刀勢；（36）轉身右撩刀勢；（37）回身左撩刀勢；（38）右撩刀勢；（39）劈刀勢；（40）收刀勢

4.二路苗刀

動作名稱：

預備勢

（1）虛步抱刀；（2）上步攔腰刀；（3）右獨立勢；（4）左獨立勢；（5）迎推刺刀勢；（6）拗步斜削刀勢；（7）迎推刺刀勢；（8）拗步斜削刀勢；（9）迎推刺刀勢；（10）上步右撩刀勢；（11）黃悶刀勢；（12）弓步推刀；（13）撥刀斜砍勢；（14）回身劈點刀勢；（15）單手後撩刀勢；（16）帶刀勢；（17）前刺刀勢；（18）歇步帶刀勢；（19）退步帶刀勢；（20）右撩點刀勢；（21）左撩點刀勢；（22）右撩點刀勢；（23）斜削刀勢；（24）轉身左撩刀勢；（25）右提撩刀勢；（26）跳砍刀勢；（27）翻身刺刀勢；（28）右撩劈刀勢；（29）左撩劈刀勢；（30）右撩劈刀勢；（31）回身左撩刀勢；（32）右撩刀勢；（33）轉身右撩刀勢；（34）朝天刀勢；（35）掛點刀勢；（36）右定膝刀勢；（37）左定膝刀勢；（38）低看刀勢；

（39）上右步下掛刀勢；（40）圈刺刀勢（絞刀進）；（41）單刺刀勢；（42）抱打劈刀勢；（43）左斜削刀勢；（44）右斜削刀勢；（45）滑拿一刀勢；（46）回身右撩刀勢；（47）劈剁進刀勢；（48）轉身攔腰刀勢；（49）收勢

三、劈掛拳拳理

劈掛拳在套路演練中追求正、順、活、合、快、力、巧、精、妙、絕十字要訣。不論單個動作、動作組合，還是整個套路，都要遵循從易到難、步步深入的原則。先從求正入手，勢勢都要力求工整規範，再由正求順，由順求活，由活求合，由合求快，快中求力，力中生巧，巧內生精，精裡求妙，由妙求絕，最終達到爐火純青的境地。

劈掛拳還注重體用兼備，互為依輔。素有慢拉架子、快打拳、急打招之說。招式的運動方法和要求為：滾、勒、劈、掛、斬、卸、剪、採、掠、擯、伸、收、探、摸、彈、砸、擂、猛十八字。

劈掛拳身法講求吞吐伸縮、回環折疊、以腰為本、滾裹翻轉不息。運動中則表現出起落鑽伏、伸收摸探、擰腰切胯、吞胸凸背、蜿蜒蛇行的變化來。對手法的要求是兩臂條直，猛劈硬掛，雙臂密如雨，摟臂合腕，劈掛錯落，賽似抽鞭，連連發擊，環環相套，放長擊遠。劈掛拳步法以激絞連環步為主，要求逢進必跟，步步連環，快如激浪，表現出起伏進退如大河流水流暢不息的韻律。

該拳在勁道上講求「翻扯」勁和「轆轆」勁。勁發於腰，力以圓動為主。強調以快制慢、以長制短、橫攔斜擊、快打速攻、閃進巧取。表現出柔中有剛、寓剛於柔的勁法

劈掛拳

來。

四、劈掛拳特點

大開大合、猛劈硬掛；兩臂條直、摟臂合腕；含胸拔背、收腹斂臀；擰腰切胯、合膝鑽足；沉肩下氣、叩齒舔腭。

觀之謂：形神自如、動作舒展、灑落矯健、疾速多變。起落鑽伏、伸收摸探、開合爆發、蜿蜒蛇行。

喻之謂：大河奔流、一瀉千里。武勇不遏。

除上述劈掛拳共同特點外，套路特點又有側重：

快套劈掛拳：要求起落鑽伏，如墨燕點水那樣輕靈。突出一個「敏」字。

慢套劈掛拳：要求兩臂劈掛密如雨，往返似抽鞭。突出一個「密」字。

青龍拳：要求青龍出水貫長虹，舒展灑灑身法靈。突出一個「長」字。

掛拳：要求疾行健彈，身捷步靈。突出一個「快」字。

炮錘：要求樸素渾厚雄壯，勁力飽滿而筋骨存神。突出一個「健」字。

五、劈掛拳功法

該拳非常重視腿、腰、臂三盤的功法練習。有了一定的基礎後再進入套路練習，最後操練散手技術。

1.掄臂活肩：①單臂繞環練習。②雙臂環繞法：兩臂可同時向前或向後繞環，亦可兩臂一前一後繞環。

2.烏龍盤打：此法為鬆臂活腰的方法。向左右兩側回環

涮腰練習。

3. **膀臂互相靠打：**兩人定位站立，以前臂互相交替靠打。由輕到重，由慢到快。也可由定位變成活步練習。

4. **柔韌練習：**除常規柔韌練習外，有沉肩通臂法、撲掛法、活腰法等。

六、劈掛拳技術要領

要求肌肉含而不露，肌肉均為條狀，形體健美。通常功法上切忌剛曲，認為剛曲則力挫（遲）。要求柔活舒展，這是因為柔能放長擊遠，柔則活，活則生變。變即為快。俗語說：「寧練習筋長一寸，不要肉厚一分，兩臂舒展放長擊遠，出入活合捷如電。」

劈掛拳要求臂、腰、胯、肘、肩、腕各部關節都要柔活自然，放鬆不拘。兩臂劈勢掛勢要求「鞭子勁」。鞭子雖輕，但擊打的作用很大。鞭杆象徵著腰，鞭把是雙腳，鞭梢即手梢。全身各部要隨勢而動，貫穿全身於手頭，要求「一舉手則全身力」。

先輩郭長生在多年實踐中，總結出了調勢調氣技術要訣為：兩臂條直，摟臂合腕；擰腰切胯，肩沉氣按。

收腹斂臀，合膝鑽足。

蝸胸拔背，叩齒舔腭。

劈掛拳基本技術要求：

（一）手型多變

手型除掌、拳、勾外，還有戳指掌、鏟拳等以充實劈掛拳的手型變化。

(二) 步型多變

劈掛拳的步型有：弓步、馬步、虛步、仆步、歇步，除上述五種基本步型外，還有偷步、叉步、雙弓步，其用法多是連環步。

(三) 身法靈活

要求縮胸拔背、蜿蜓蛇形。蜿蜓蛇形正是勁由腰發的外在表現。它直出側入，變轉機靈。

(四) 腿法快速

前踹腿，抄手起腳，裡合抹面是劈掛拳的幾種主要腿法，講究快打。

(五) 眼法機靈

劈掛拳的技擊講究快打遲。由此，可見眼的重要性。對眼法之要求：「要觀前瞭後，頓盼左右，望遠視近，隨形隨勢。演練套路時，隨器械之出入變轉，身形之伸縮起伏步法之進退趨避，做到：手到步到眼先到，上下內外，協調一致均整合一。

第二章

劈掛拳基本訓練方法

第一節　學習方法及步驟

拳訣曰：「根深葉定茂，本固枝必勞」，「練拳不練功，到老一場空。」

初學劈掛拳，一定要重視基本功的訓練，演練基本功一定要入門得法，淺學深練，這樣才能根硬底正，功純技高。

現將學習劈掛拳應從何入手、練習的內容與練習方法以及練習時應注意的問題，分述如下：

初學劈掛拳，欲入門得法，須知其技術特點和要求步驟。為了便於說明問題，把劈掛拳技術特點分開來說。

手臂的技術特點是：兩臂條直、摟臂合腕、大劈大掛，放長擊遠。軀幹和下肢的特點是：前握後扣，左右扭轉，擰腰切胯，合膝鑽足。表現在整體動作上則是要：大開大合，合如伏炮，縮身藏頭，開如炮發，上下展炸。運力的技術特點是：合蓄開發，勢猛力柔，柔中含剛，謂之「用力輕鬆，含意鐵石」。交手講究速進猛攻，連珠炮動，打殲滅戰，即：「不招不架只是一下，犯了招架就是數下。」它的練習步驟一般按「正、順、合、活、快、力、精、巧、妙、絕」的順序進行。

即初練先求勢正，以正再求順勁，以順再求靈活，整

合、快速、快中找力，力求精巧。勢正、招順、力精便可進求妙手絕招。從傳統劈掛拳理論上看：這是劈掛拳逐步功純的整個過程。就初學者來講，不要好高騖遠，急於求成，除應先借鑒一些一般身體練習以外，主要選擇些能突出劈掛拳特點的內容，嚴格要求，按照上述練習順序步驟，踏踏實實地一步步地進行練習。

透過多年的練習和教學的實踐證明，初學者在入門階段應先抓住四個方面的內容紮紮實實地練，即，1.活肩臂，2.活身腰，3.活腳步，4.綜合性重點動作。同時在練習要求上應狠抓動作的正、順、活、合四步功。即每練一個動作務必要求姿勢正確、方法準確，這是第一步功，但與順、活、合三步功是不能截然分割的，而是相輔相成的。就是說要在動作正的基礎上，要求肢體條順、關節靈活、用力順達，上下協調配合。

另外，還應知道由劈掛拳特點決定的，練柔（關於肌肉的靈活柔韌性）是初學階段的主要目的。有了柔便可「易正易順、易活合」，故有云：「柔則勢法變轉開合易，剛則勢法變轉開合難。」另外，行家「善練筋長一寸，忌練肉厚一分」也是出於此理。故初學要多習「柔」。

那麼，經過一階段的練習，使動作能達到上述要求之後，對劈掛拳再廣習深造便可日漸功純。

總之，劈掛拳入門練習，是指使動作能達到正、順、活、合四步的要求，獲得良好的紮實的劈掛拳基本功。

另外，大家都知道，「兩臂劈掛，大開大合，放長擊遠，柔實抽鞭」，這是劈掛拳練習時兩臂的突出特點。它最講究「梢長」（臂能伸，手能遠），行家「善練筋長一寸，

忌練肉厚一分」就是這個道理。欲使「梢長，筋長，擊遠」，關鍵在於「活肩」。而該拳技術中體現「肩活」的姿勢多樣，相對體現腰活、步活的方式比較集中，故筆者對「活肩法」介紹得多，而對「腰、步」專門練習法介紹得少些。另外，活腰法還可以自選些內容練習，如後下腰、前俯腰、涮腰等，這些就不多敘述了。

在練習過程中，重要的是明確再次練習的目的，選擇能達此目的的內容練習，只有這樣才能取得較好的練習效果。因為人們每天不可能有長的時間練習，把這些內容從頭到尾都練是不可能的。在每次練習之前，可先根據練習時間長短和要解決的主要問題，考慮一個簡單的練習計劃，即選好幾個練習內容，規定每個動作的練習組數、次數，練習負荷的強度與量的大小，以及練習的速度的快慢等等。

在練習每個規定動作時，還應先想好該動作的「要點」，強迫自己的動作盡量符合動作要求。其次，當自身還不具備自測動作是否正確的能力時，應由他人幫助檢測，或採用一些限制物來進行自測。如練「烏龍盤打」時，可採用面對牆壁進行（腳離牆近些），來檢查兩臂動作是否成立圓運動。總之，練身體不是單純的肢體動作，還要多練腦，用心領悟其動作要領。想練結合，明確目的，以求練習效果。這樣進步才會更快。

第二節　基本練習內容

一、活肩部分

(一) 靜力性的練習方法

1. 裡壓肩

【動作方法】：

面對牆壁，離牆約半步遠處開步自然站立，將右臂（或左臂）手背（或手心）朝牆，直臂平靠於牆壁上，而後上體右轉，左肩（或右肩）向牆壁擠壓（圖2-1、圖2-2）。

【動作要領】：

臂平置而放鬆，身體向前擠壓時，用力由小到大，使胸部與臂逐漸迭攏。

圖 2-1

圖 2-2

圖 2-3   圖 2-4

2. 反壓肩

【動作方法】：

以上體右側為例。右腳在前，兩腳與牆平行開步站立，離牆半步遠，右臂向右後方伸直，掌心貼牆，而後身體適度左轉，使右臂被動後張，可左右變換練習（圖 2-3、圖 2-4）。

【動作要領】：

肩、臂平直放鬆，身體轉動反壓肩時要挺胸立腰，施力要由小到大逐漸使背與臂的夾角至 90°或更小。

3. 縱壓肩

【動作方法】：

站立姿勢同「裡壓肩」，且離牆稍遠些，右臂（或左臂）上舉直，掌心側靠牆，而後身體向牆壁方向倒壓（圖 2-5、圖 2-6）。

圖 2-5　　　　　圖 2-6　　　　　圖 2-7

【動作要領】：

臂直，肩放鬆，身體向裡倒壓時，手臂保持正直，壓力由小到大，逐漸能使腋下肋骨貼於牆上。

4. 別肩

【動作方法】：

兩腳開步站立，右臂由胸前向左平舉，肘尖朝外，左臂屈肘勾別往右臂肘尖處，向內施力搬、別（圖 2-7）。

【動作要領】：

被搬、別之右臂不得用力，而要保持平直，隨搬、別之力逐步增大，使肱部與胸部靠攏。

5. 束肩

【動作方法】：

自然站立或坐立，兩臂胸前交叉相抱，兩手分別扣住肩胛骨內沿，然後兩肩上下前後蠕動（圖 2-8、圖 2-9）。

圖 2-8　　　　　圖 2-9　　　　　圖 2-10

【動作要領】：

　肩、臂、肘、腕皆放鬆，僅手指用力扒扣，肩蠕動時，胸部隨之呼吸，一張一合。

6.頭後拉肩（蘇秦背劍）

【動作方法】：

　或站或坐，一臂向上屈肘於頭後，另一手抓其腕下拉（圖 2-10、圖 2-11）。

【動作要領】：

　被拉之臂要放鬆，拉力由小到大。

圖 2-11

7.仆步壓肩

【動作方法】：

　兩腳開立（兩腳之間距離為本人腳長的三腳半左右），

上體前俯，兩手抓按兩腳，而後右（左）腿全蹲，左腿平直仆於地面上，做仆步。上體盡力前下壓，使左（右）肩肩臂平直貼於地面，並向右側轉頭，左右交替壓之，亦可一側連續上下狠壓數次或壓一定時間後再換腿壓之（圖 2-12、圖 2-13、圖 2-14）。

【動作要領】：

兩腳底不得抬起，平仆之腿要伸直，上體前下壓時要挺腰抬頭，臂要拉直，肩要放鬆，用力不得過猛。

圖 2-12

圖 2-13

圖 2-14

（二）動力性的練習方法

1.前抱後抽

【預備姿勢】：

併步自然站立（圖 2-5）。

圖 2-15

圖 2-16

【動作方法】：

　　兩臂向兩側抬起將與肩平時，同時向前抱，兩臂交叉，兩手打在肩胛骨處（圖 2-16）。

　　不停，兩臂反彈而回向身後平擺，盡量直臂使兩手背相碰擊（圖 2-17）。

　　練習時可將圖 2-16、圖 2-17 動作連續往返數次為一組。

圖 2-17

　　【動作要領】：

　　身體自然放鬆，肩臂更要放鬆，臂後擺時要平。初練時不得過於用力，掌握了放鬆的方法，便可來回拉長肩帶，使

第二章　劈掛拳基本訓練方法

劈掛拳

圖 2-18　　　　　　　　圖 2-19

手背能在身後相碰。

2. 側劈手

【預備姿勢】：

開步自然站立（圖2-18）。

【動作方法】：

兩臂經腹前交叉並上舉至頭頂上方（圖2-19）。兩臂同時向兩側下至大腿外側，手臂外旋（圖2-20）。

【動作要領】：

做手臂動作時兩肩要放鬆，下臂時兩臂要伸直，向外旋，同時重心下降，腰要立直，使兩肩稍向後張開，以加大肩帶的牽拉幅度。

3. 烏龍盤打

【預備姿勢】：

併步自然站立，兩臂側平舉（圖2-21）。

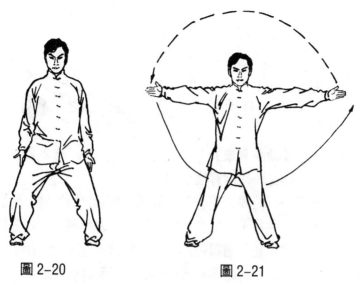

圖 2-20   圖 2-21

圖 2-22

劈掛拳

【動作方法】：

　　身體右轉，重心右移，兩腳隨轉，同時左手向上經頭上向右畫弧，右手向下貼胯側向左畫弧（圖 2-22）；重心後

坐，左腿全蹲，右腿伸直成仆步，同時上體前下壓，帶動左手向下、向左上舉，右手直臂仆打地面（圖2-23）。

圖2-23

【動作要領】：

轉身時使兩臂掄立圓，向下仆打時要以重心下降為先，並要以肩帶臂。肩還不能著地時，手掌不可猛力拍地，防止震傷肘關節。可先使肘尖朝下，臂稍屈，隨肩帶拉長逐漸使臂伸直，肘尖朝上，向下仆打。向下仆打時要向異側轉頭，以利肩能觸地。

4.掄翻震臂

【預備姿勢】：

開步自然站立，兩手側平舉（圖2-24）。

【動作方法】：

身體向左轉，重心左移，兩腳隨轉，同時右手向上經頭上向左畫弧，左手向下經胯側向右畫弧（圖2-25）；兩臂放鬆下落，都經胯側，左手向前上方，右手向後上，同時震臂（圖2-26）；兩臂再放鬆下落再經胯側還成圖2-25式（圖2-27）；身體向右轉，重心右移，兩腳隨轉，同時右臂向

圖2-24

圖 2-25

圖 2-26

圖 2-27

圖 2-28

上經頭上向右畫弧近一周至身體右後方，左手向下經胯側向
左畫弧近一周至身體左前方（圖 2-28）；兩臂放鬆下落，

圖 2-29   圖 2-30

都經胯側，右手向前上方同時震臂（圖 2-29）。

【動作要領】：

掄臂要成立圓型，身體左右轉動要協調，兩腳轉動要靈活。掄臂和震臂時兩肩均要盡力放鬆。初練時不可用力過猛或用僵力震臂。

5.甩膀（抽鞭）

【預備姿勢】：

兩腿開立半蹲，兩臂側平舉（圖 2-30）。

【動作方法】：

上體向左轉，甩動右手至左肩上，手掌放鬆拍打肩頭，左臂甩至身後，虎口放鬆抽打右肋下部（圖 2-31）；上動不停。借反彈力再向相反方向轉體甩動（圖 2-32），如此連續練習。

【動作要領】：

圖 2-31

圖 2-32

兩腳可隨身體左右碾轉，上體要縱軸轉動，兩臂放鬆，甩動起來就像抽鞭一樣。

6. 掄臂

【預備姿勢】：

弓步站立。

【動作方法】：

右（左）腳在前，掄右（左）臂，另一手扶於腰間，反正交替進行掄臂（圖2-33、圖2-34、圖2-35），亦可兩臂同時或依次掄之，似車輪轉動一般（圖2-36、圖2-37）。

圖 2-33

劈掛拳

圖 2-34

圖 2-35

圖 2-36

圖 2-37

【動作要領】：

弓步要穩，掄臂手的路線要成立圓，上擦耳下掃胯，肩要放鬆，掄臂次數逐漸增加，速度也要逐漸加快。

7.蕩肩

【預備姿勢】：

兩腳前後開立，重心偏前，兩臂自然下垂。

【動作方法】：

兩臂自然向前後分別蕩至前後斜上舉，而後兩臂放鬆下落，順勢向反方向蕩起，如此反覆若干次。（圖 2-38、圖 2-39、圖 2-40）。

【動作要領】：

肩臂放鬆，自然擺蕩，兩臂要緊貼胯側而過，身體起伏要與兩臂起伏一致。

劈掛拳

圖 2-38   圖 2-39

圖 2-40

二、活腰部分

1.轉腰後平砍掌

【預備姿勢】：

兩腳開立，腿稍屈，上體直立，稍向左偏轉；兩臂在胸前交叉，右手在上，掌心均向下。目視右前方（圖 2-41）。

【動作方法】：

上體向右轉 180°，兩腳隨轉，左腳跟提起，膝內扣，同時，帶動右臂向右後方平砍掌，掌心向下；左臂隨之在胸前內旋撐圓，掌心向外。目視右手（圖 2-42）。隨即上體回轉，兩腳還原，右臂主動回擺於左臂上，兩臂交叉，掌心均向下（圖 2-43）。上動不停。身體繼續左轉 180°，兩腳隨轉，右腳跟提起，膝內扣，同時帶動左臂向左後平砍掌，掌

圖 2-41

圖 2-42

圖 2-43

圖 2-44

心向下，右臂內旋，在胸前撐圓，掌心向外；目視左掌（圖 2-44）。再由此勢還原成圖 2-41 之勢。如此左右反覆練習。

圖 2-45

圖 2-46

【動作要領】：

轉動時要以腰帶臂，兩肩下沉不得鬆弛，向後砍之臂亦稍彎屈。向右（左）轉時右（左）腳腳尖內扣踏實，左（右）腳跟提起，腳前掌抓地。同時，頂頭轉項，目光隨手轉動。

2.轉腰後下切掌

【預備姿勢】：

兩腿和上體姿勢與「轉腰後平砍掌」之預備姿勢同，僅兩臂在頭前交叉，左手在上，兩掌心均向外；目視前方（圖2-45）。

【動作方法】：

基本與「轉腰後平砍掌」相同，僅把「後平砍」變為「後下切」的動作；目視下切之手（圖2-46、圖2-47、圖2-48）。如此反覆訓練。

圖 2-47   圖 2-48

【動作要領】：

除與「轉腰後平砍掌」相同之處外，注意身體左右轉動時，上體稍有後仰，以利手臂下切。

3. 身體展縮勢

【預備姿勢】：

兩腳前後開立，兩臂前上舉，掌心向上（圖 2-49）。

【動作方法】：

上體盡量後仰，胯部前挺，兩臂向下、向後畫弧（圖 2-50）。隨兩臂向上舉，上體立起（圖 2-51），隨之迅速收腹含胸，兩腿屈膝，兩臂向前下收於腹前，掌心向下。目視雙手（圖 2-52）。再還原為圖 2-49 勢，可重複練習。

【動作要領】：

展時要盡量向後張開，全身無一處不放開；縮時要盡力向前下收緊，全身無一處不合。一展一縮，動作幅度要逐漸

圖 2-49

圖 2-50

圖 2-51

圖 2-52

加大。

4.左右擺腰蓋打

【預備姿勢】：

併步站立，目視前方。

【動作方法】：

左腳向左開立半步（圖2-53），前腳掌著地，同時上體右轉，帶動左拳，直臂向右挑起。目視左拳（圖2-54）。上動不停。以兩腳前掌為軸，上體向左擺轉，帶動兩拳一起向左掄動，左拳收至胯側，右臂稍屈，拳面向下，蓋打於左腳前，與膝同寬。目視右拳（圖2-55）。再以兩腳前腳掌為軸，使身體向右擺動，帶動兩拳一起動作，向上、向右掄動，右拳收於胯側，左拳蓋打於右腿前，拳與膝同高。目視左拳（圖2-56）。如此反覆練習。

【動作要領】：

左右擺腰蓋打時要以兩腳前腳掌為軸，腰背發力，掄臂要圓，力達拳面，身體姿勢開合明顯，擺腰轉動重心要穩。

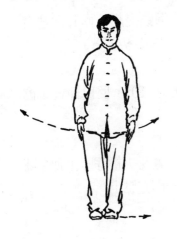

圖2-53

圖2-54

圖 2-55　　　　　　　　　　圖 2-56

三、活胯步部分

1.碾轉步

【預備姿勢】：

兩腳前後開立，前腳內扣，後腳跟提起，兩膝向裡合扣，重心落在兩腳中間，雙手叉腰（圖 2-57）。

【動作方法】：

以兩腳前腳掌為軸，身體向後轉 180°，反覆練習（圖 2-58）。

【動作要領】：

轉動時要懸頂豎項，收腹斂臀，鬆胯夾襠等，主動合膝碾足，上下為一整體，目視正前方一固定點上。

2.連環步

【預備姿勢】：

兩手叉腰，併步直立。目平視前方（圖 2-59）。

圖 2-57

圖 2-58

圖 2-59

圖 2-60

劈掛拳

【動作方法】：

　　左腳向左前方邁步，右腳立即跟步（圖 2-60），繼而左腳再向左前方進步，右腳隨之，緊貼左踝向右前方邁進一

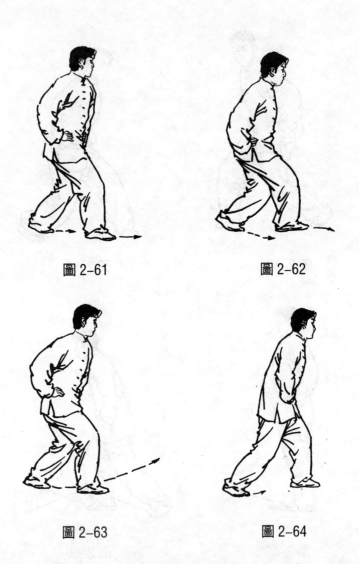

圖 2-61　　　　　　　圖 2-62

圖 2-63　　　　　　　圖 2-64

大步（腳內扣），左腳前拖地立即跟上（圖2-61、圖2-
62）。上動不停。右腳向右前邁半步，左腳立即跟步，並緊
貼右踝向左前方邁進一大步（腳尖稍內扣），右腳前掌拖地
立即跟上。如此連續前進（圖2-63、圖2-64、圖2-65）。

圖 2-65

圖 2-66

【動作要領】：

前進時兩腿始終保持半蹲狀態，上體稍前俯，要以身帶步。另外為了走出「N」形路線，跨步時膝、足要主動轉合，促身體向左前方、右前方移動，使身步合一，方向一致。

四、綜合性重點動作部分

1. 原地穿手

【預備姿勢】：

兩腳開立，成馬步，上體正直；兩手置於腰間稍前，掌心向上。眼向前平視（圖2-66）。

【動作方法】：

左轉體，上體稍前傾，右腳跟提起；同時，右掌經腹前向左前方穿出，掌心朝上。目視右掌（圖2-67）。

繼而向右轉，兩腳隨轉體，左腳跟提起；同時，右臂內

圖 2-67　　　　　　　　圖 2-68

旋上架於頭上，左掌經腹前向右前方突出，掌心朝上。目視
左掌（圖2-68）。

　　再向左轉體（動作同上）；同時，左臂內旋上架於頭
上；右掌向後半外旋經腰向左前穿出，掌心朝上。目視右掌
（圖2-69）。

　　如此左右反覆練習。

　　【動作要領】：

　　收腹斂臀，合膝鑽足，頭要上頂，跟隨穿掌動作，兩臂
要配合內旋，運行路線要圓滑，兩臂不得伸直，全身要協調
一致，力達手指。

　　2.連環步劈摟手

　　【預備姿勢】：

　　併步直立，兩臂自然向右後擺起（兩臂由體兩側擺起亦
可）。目視前方（圖2-70）。

圖 2-69

圖 2-70

【動作方法】：

　　右腳向前邁一大步，上體右轉；同時，左掌經頭右側向上、向前劈至頭前（圖 2-71）。上動不停。左腳向前上一大步，右腳立即拖地跟上半步；同時，上體左轉並前俯，帶右掌直臂由後向上、向前劈至體前；掌與胯平，手腕內合，掌心向後。目視右掌（圖 2-72）。左腳向前進半步，右腳立即跟上，同時，上體抬起，右臂隨之上抬（圖 2-73），左腳再向前半步，右腳向前邁一大步，左腳再隨即跟上；右手向下、向後，左手向上、向前、向下劈摟，手腕內

圖 2-71

第二章　劈掛拳基本訓練方法

劈掛拳

圖 2-72 圖 2-73

合，掌心向後，與胯同高（圖 2-74）。如此反覆，做行進間不停頓的左右劈摟。

【動作要領】：

兩臂自然伸直，手腕自然內合。做劈摟動作時，手臂要貼身擦耳走立圓，由上向下劈摟；用力時，要身、臂為一整體，肩要控制用力，不得鬆懈，使臂、腕、掌向下的劈力與上體下壓的腰力相配合。

3. 左右單劈手

圖 2-74

【預備姿勢】：

兩腳開立，兩手側平舉（圖 2-24）。

圖2-75　　　　　　　　　圖2-76

【動作方法】：

身體左轉並前壓，同時左掌直劈下掛至身後，右掌直臂向上、向前，兩臂呈一條線。目視右掌方向（圖2-75）。繼而上體進一步下壓，同時，左掌回掛，屈肘收至右耳側；右掌直臂繼續下掛至左大腿外側，兩掌心均向

圖2-77

外。目視前下方（圖2-76）。上動不停（或稍停）。

以兩腳為軸，身體向右翻轉，同時，帶動右臂向上、向右打開；左臂隨之伸直，兩臂呈直線狀。目視右手方向（圖2-77）。上動不停。右掌上掛於體後，左掌直臂向上、向前

第二章　劈掛拳基本訓練方法

劈掛拳

劈，兩臂仍呈一直線（圖
2-78）。上動不停。身體
繼續下壓，同時，右掌回
掛屈肘收至左耳側；左掌
下劈至右大腿外，兩掌心
均向外（圖2-79）。

再以兩腳為軸向左翻
轉劈掌。如此左右反覆練
習。

【動作要領】：

做動作時要擰腰切
胯，腰背發力，力達手
掌。劈掌動作結束時，要
收腹含胸，合膝，兩臂合
緊，即成「合勢」狀態。

4. 左右劈掌

【預備姿勢】：

馬步站立，兩臂自然
垂於體側。目視前方（圖
2-80）。

圖 2-78

圖 2-79

【動作方法】：

兩掌經腹前交叉而上舉於頭上，掌心朝前。目視前方
（圖 2-81）。上動不停，兩臂向兩側劈於兩胯，掌心朝
前。目視左方（圖 2-82）。兩臂反彈起，同時，右腳掌蹬
轉，向左轉體（圖 2-83）；上體向左前下俯，帶動右臂向
上、向左猛劈，小指側朝下；右掌托接右前臂。目視右掌方

圖 2-80

圖 2-81

圖 2-82

圖 2-83

圖2-84

圖2-85

向（圖2-84）。稍停，腳跟
落地，體右轉，還原成馬步；
同時，兩臂交叉舉於頭上方。
目視正前方（圖2-85）。繼
而兩臂再向兩側劈於兩胯。目
視右方（圖2-86）。上動不
停。兩臂反彈起，左腳蹬轉，
向右轉體。目視右方（圖2-
87）。上體向右前下俯，帶動
左臂向上、向右猛劈，小指側
朝下，右掌托接左前臂。目視
左手方向（圖2-88）。而後
再還原成圖2-85，繼續反覆
練習。

圖2-86

圖 2-87　　　　　　　　　圖 2-88

【動作要領】：

　　肩要鬆沉，手臂交叉上舉時，身體稍立起；側劈時，要向下沉氣，降重心；左右劈掌時，要以轉腰帶臂，力達手掌小指側，另一手托接要準確有力。

第二章　劈掛拳基本訓練方法

劈掛拳

劈掛拳競賽規定套路

第一節　劈掛拳初級競賽規定套路

共四段三十個動作

時間 40～50 秒

一、動作名稱

第一段

1. 預備勢
2. 單劈手
3. 上穿掌
4. 仆步下穿掌（鷂子穿林）
5. 馬步穿掌
6. 右單劈手
7. 左單劈手
8. 單劈掌
9. 側雙劈手
10. 上步壓打
11. 上步闖掌

二、動作說明

第一段

1.預備勢

① 併步直立；兩臂垂於體側，掌心向裡，中指貼於褲縫。目視前方（圖3-1）。

② 稍定，屈膝半蹲；同時，左掌向左抬起，掌心朝上，肘下垂，掌與眼同高；右掌稍向上提肘。目視左掌方向（圖3-2）。

【要點】：

① 稍含胸收腹、頂頭，精神集中，兩眼要有神，站立停穩。

② 動作要稍慢並與轉頭一致，頂頭沉肩。

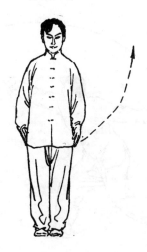

圖3-1

圖3-2

2. 單劈手

① 上動稍停。左腳向左開步，腳跟提起，膝內合，右腳內扣成雙弓步；同時左臂內旋，向下至體左後側，左掌虎口朝下，右掌屈肘向上經右肩前插在左腋下，掌心朝裡。目視左方（圖3-3）。

圖3-3

② 上動不停。左掌貼胯向前挑，成兩臂交叉。目視左掌前方（圖3-4）。

③ 上動不停。左掌直臂向上、向左畫弧，右掌向上、向右畫弧；同時身體以兩腳掌為軸向左蹬轉。目視左方（圖3-5）。

圖3-4   圖3-5

④上動不停。上體左轉前壓；右肩前探，帶動右掌直臂向上、向前畫弧，至前方虎口朝上；左掌直臂向下、向後至身後，掌心朝下，兩臂前後平直。目視前下方（圖3-6）。

⑤上動不停。收腹坐臀，成雙弓步；同時，帶動右掌下劈，左手上撩，兩臂上下交叉，右臂在左腿外肘膝貼緊，掌心朝外；左掌上掛在右耳側，掌心朝外。目視前下方（圖3-7）。

【要點】：

①成雙弓步時，收腹含胸，左肩內扣；

②左臂要直貼左胯而過；

③要轉足合膝，轉腰帶臂，兩臂要立圓畫弧；

④轉腰切胯，以腰帶右臂向前下劈，右肱部要擦耳根，掌盡力遠伸；

⑤劈掌要收腹含胸，兩臂合力抱緊，均要上下一致，動作連貫。

圖3-6   圖3-7

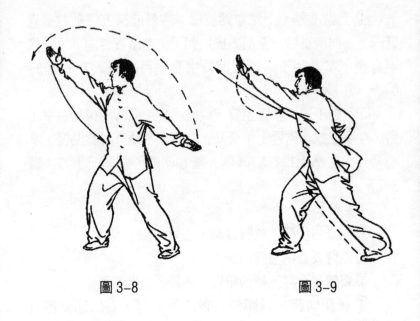

圖 3-8　　　　　　　　圖 3-9

3. 上穿掌

①上動不停。上體抬起，以兩腳掌為軸向右轉體，帶動右掌直臂前挑，並向上、向右畫弧，至體右側，虎口朝上；左掌協調向下畫弧挑起，至左斜下，目視右上方（圖3-8）。

②上動不停，以兩腳掌為軸，向右轉體，同時，帶動左臂向右向上畫弧，至頭前上方，手腕內屈，掌心向下；右掌直臂向下收到腰間，掌心向上。目視左掌方向（圖3-9）。

③上動不停。左掌下按並收於右腋下，掌心朝下；右掌經肋和左掌背向斜上方穿出，掌心朝上；同時，左腿提膝，腳尖下垂。目視右掌方向（圖3-10）。

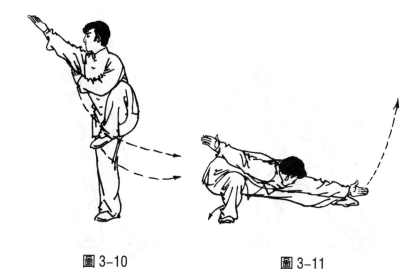

圖 3-10　　　　　　圖 3-11

劈掛拳

【要點】：

①轉腰帶臂，臂走立圓；

②以腰帶肩合膝轉足，臂走立圓，整個動作要上下一致；

③上穿掌時要兩手背相擦而過，與提膝一致，整個動作要連貫。

4. 仆步下穿掌

上動不停。右腿下蹲，左腿向左前落步成左仆步；同時，左掌貼胸向下，沿左腿內側（手背擦腿）向前穿掌，至左腳面上，虎口向上；右臂斜舉於體右側。目視左掌方向（圖 3-11）。

【要點】：

上體盡量下壓，左掌盡量遠伸。

圖 3-12   圖 3-13

5. 馬步穿掌

① 上動不停。重心前移，左腳向左前方活步；同時左掌上托（圖 3-12）。

② 繼而，重心前移，左掌內旋，上架於頭上，掌心朝左前；右掌屈肘收於腰間，肘靠肋，掌心朝上。目視前方（圖 3-13）。

③ 上動不停。重心前移，同時，左掌向上架至頭左上方，掌心朝上，上體稍左轉，使右掌從腰向前平穿出，掌心朝上。目視右掌方向（圖 3-14）。

④ 上右步，腳外展；同時，左掌外旋，下落收於腰間。目視右掌（圖 3-15）。

⑤ 左腳向前上步成半馬步；同時，右掌內旋，上架於頭上方；左掌向前插掌，掌心向上。目視左掌（圖 3-

圖 3-14

圖 3-15

圖 3-16

16）。

【要點】：

①步法要連貫，上體稍向左上翻轉，手臂隨腰走，動作要圓滑；

② 穿掌時要轉腰送肩，以腰用力，力達虎口上，整個動作要連貫。

6. 右單劈手

右轉體上體下壓，左腿膝內扣，腳跟提起。同時，左臂內旋下落；右掌向下插在左腋下（圖3-17）。而後重複此動作（圖3-18、圖3-19、圖3-20、圖3-21）。

7. 左單劈手

① 上動不停。體向右翻轉，帶動右掌直臂向上、向右畫弧成斜舉，虎口向上；左掌向下、向左，協調伸開亦成斜下舉。目視右掌（圖3-22）。

② 上動不停。上體向右下

圖 3-17

圖 3-18

圖 3-19

圖 3-20   圖 3-21

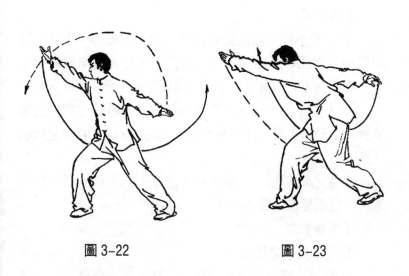

圖 3-22   圖 3-23

壓，帶動兩臂一起掄轉，右掌轉至身後，虎口向下，左掌轉
至身前，虎口向上，兩臂成平直。目視前方（圖 3-23）。

　　③上動不停。左膝內扣，腳跟提起，上體下壓；帶動

左掌直臂下劈，兩臂合攏在胸前交叉；左掌在右大腿外，掌心朝外，右掌屈肘上掛至耳側，掌心朝外。目視前下方（圖3-24）。

圖3-24

【要點】：

①② 轉腰帶臂，與蹬轉要一致，身體由合到開；

③ 左掌掄臂要借收腹含胸的力量，快速有力，力達左掌和前臂，身體由開到合，上下完整一致。整個動作要連貫。

8.單劈掌

① 上動不停。以兩腳掌為軸，體向左翻轉，帶動左臂直臂向上挑起，虎口向上；右掌向下，臂伸直至體右側下方，虎口向下，兩臂直斜平舉。目視左掌（圖3-25）。

② 上動不停。以兩腳掌為軸繼續向左轉體，帶動右掌直臂向上至後上舉；同時左掌向上、向左、向下畫弧至胯側（圖3-26）。

③ 重心向前壓，右掌下劈，左掌上托，使右臂劈於左掌上。目視雙掌（圖3-27）。

【要點】：

① 同單劈手之①；

② 右掌下劈要借收腹含胸之力量，要有爆發力，力達右掌和前臂。身體由開到合，整個動作要連貫。

9.側雙劈手

身體右轉成馬步，同時兩掌交叉架於頭上。目視前方

圖 3-25

圖 3-26

圖 3-27

圖 3-28

（圖 3-28、圖 3-29）。

10. 上步壓打

接著，兩掌劈向兩側，劈於胯側，虎口朝外。眼看左方

圖 3-29

圖 3-30

（圖 3-30）。

　　上動不停。左
轉體並向左上右
步，上體前壓，成
仆步；同時，帶動
右掌直臂向上、向
前拍地於右腳前；
左掌協同向後，至
斜上舉，與右臂成
直線，虎口朝後，
掌心朝上。目視右
掌（圖 3-31）。

圖 3-31

【要點】：

上步與上體前壓要快速
一致，上體前壓以助拍地之
力，拍地時臂伸直，掌心朝
下。

11. 上步闖掌

上動不停。上體立起並
右轉，左腳上步，成半成
步；同時，右臂屈肘，上架
於頭上，小指側朝上；左掌
從腰向前平推而出，與肩同
高，指尖朝上。目視左掌
（圖 3-32）。

圖 3-32

【要點】：

上下一致，推掌時要擰
腰送肩發力，力達掌根，兩
腳要穩。

第二段

12. 後橫打

圖 3-33

① 上動稍停。右掌外
旋下落，左掌外旋屈肘，兩臂交叉，左臂在上，掌心朝外，
右臂在下，掌心朝裡。目視右掌（圖 3-33）。

② 上動不停。以兩腳掌為軸，右轉體 180°，右腳立即
踩實；同時，帶動右臂向右、向後平擺橫打，臂稍屈，力點
在手背側；左掌協同內旋，稍撐開置於頭左前方，虎口朝

圖 3-34

圖 3-35

下。目視右掌（圖3-34）。

【要點】：

① 要含胸沉肩攏臂，兩前臂靠緊，身體稍向左轉下壓，即「蓄勁」。

② 兩肩下沉。後橫時，右臂與身體成一個整體，動作要一致，重心下降，要用爆發力，力達前臂和手背。

13. 合抱掌

①上動不停。身體回轉，兩掌合抱於胸前，右掌在外，掌心均朝裡。目視兩掌間（圖3-35）。

【要點】：

上動後橫制動並立即使身體手臂要照原路線反彈還原。

14. 三環套月掌

① 上動不停。兩手上舉（圖3-36）。

② 上動不停。左腳經右腳後向右插步，成叉步。同時兩手向上、向兩側直臂劈至胯側，虎口朝外，力點在小指

側，目視右方（圖3-37）。

【要點】：

動作要連貫，上下要一致，兩手交叉時要含胸，向兩側劈掌時要稍挺胸，兩肩後張，要使劈掌有力，力達前臂及手掌小指側。

15. 滾劈掌

① 上動不停。右腳再向右開步，同時右臂經腹前左擺至腹左前方，左掌向上插於右腋下，掌指朝上。目視右掌（圖3-38）。

圖3-36

② 上動不停。右腳向右腳後插步，同時右掌繼續向右、向上右劈至右側平舉，掌指向上；左掌向下經腹前向左

圖3-37

圖3-38

劈掛拳

擺至頭左上方，掌指朝後。目視右掌方向（圖3-39）。

③上動不停。右腳再開一步。右掌直臂向下；左掌直插入右腋下，接著重複一次滾劈動作。

【要點】：

動作要連貫，左掌向右腋下插時，上體稍左轉，右肩稍內扣，身體要合；右掌向右劈時，身體再向右轉，肩要打開，力由腹背發出，達於手掌掌指上。

16.烏龍盤打

①上動不停。向右開右步，腳掌著地，腳跟提起；同時，右掌向下、向右；左掌向上、向右，一起繞立圓（圖3-40）。

圖3-39

圖3-40

②　上　動　不
停。右掌向上、左
掌向下繼續繞動
（圖3-41）。

③　上　動　不
停。右掌向下、向
身後，左掌向上、
向身前繼續繞動
（圖3-42）。

④　右手直臂
向上、向前、向下
拍打地面於右腳
前。目視右手（圖
3-43）。

【要點】：

整個動作以轉
腰帶臂，兩臂要貼
身走立圓（肱部擦
耳、手掃胯）保持
兩臂成一直線；撲
腿拍地、伏身下壓
要快速有力，力達
掌心。

圖3-41

圖3-42

第三章　劈掛拳競賽規定套路

劈掛拳

圖 3-43

第三段

17. 雙托手

① 兩腿蹬地半蹲起，上體仍前俯，兩臂直臂向後至身後兩側，手心相對。目視左前下方（圖3-44）。

② 上動不停。左腳向右併步，身體直起，同時帶動兩手經胯側向前、向上托起至頭上方，手心朝後。目視兩手方向（圖3-45）。

圖 3-44

【要點】：

併步要快，上托要有力，力達掌根；托起時，身體向上頂勁，兩腿充分伸直。

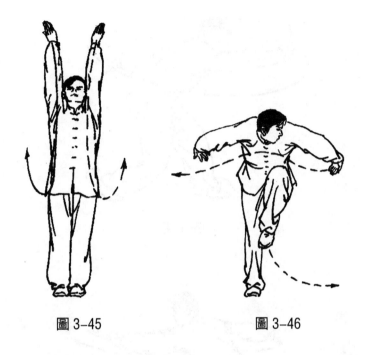

圖 3-45　　　　　　　　圖 3-46

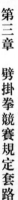

18. 雙揮手

上動稍停。屈右腿，提左膝，同時兩臂屈肘下落經胯側向後揮手，至身後兩側，掌心朝下。目視左方（圖 3-46）。

【要點】：

動作時要突然含胸收腹、放臂，身體要合緊，揮手要有力，力達手背，手經胯時揮腿要擊出響聲。

19. 平摟手

上動稍停。左腳向左落步，隨即右轉體；同時，左掌經腹向前、向右伸。眼隨左掌（圖 3-47）。繼而左轉體帶動左掌向左平摟至左後；右掌順之向左砍掌至與肩平。眼隨右

圖 3-47

圖 3-48

掌（圖3-48）。

【要點】：

轉腰帶臂，右臂要直，要平砍，力點在掌外緣。

圖 3-49   圖 3-50

20. 順步插掌

上動不停。隨即向右轉腰，成馬步；左掌直接向前插出，掌心朝上，左掌收回於腰間，掌心朝上。目視左掌方向（圖3-49）。

【要點】：

動作以轉腰發力，左掌要直接插掌，力點在手指尖。

21. 戳指掌

上動不停。右腳蹬地，腳跟提起，使上體前探並左轉體180°；同時，右掌經左前臂向前戳出；左掌收回腰間，掌心朝上。目視右掌（圖3-50）。

【要點】：

轉腰合膝發力，右肩前探，力求擊遠，力點在指尖。

22. 提膝挑掌

重心移至右腳，右腿提膝，腳尖上翹，腳掌內扣；同

劈掛拳

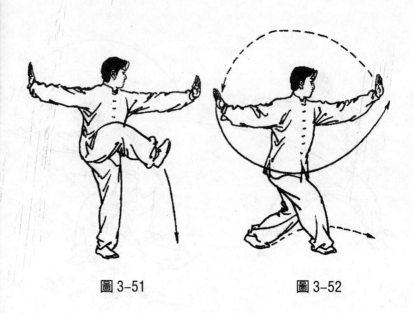

圖 3-51　　　　　　　　圖 3-52

時，右掌向上、向後擺，左掌向前挑掌，至兩臂平直，成立
掌。目視左掌（圖 3-51）。

第四段

23. 抄手起腳

①右腳向前落步，兩手不動（圖 3-52）。

②左腳向前上步；同時，左掌向上、向後擺，右掌經
胯側向前挑起，兩臂平直。目視右掌（圖 3-53）。

③右腳向前蹬出，腳尖向上勾起；同時，右掌向上、
向後擺，左掌向前挑起（與右腳內側相擦而過）。目視前方
（圖 3-54）。

【要點】：

向前進步和蹬腳要連貫，且要與兩手動作協調一致。蹬
腳力點在腳跟。

圖 3-53   圖 3-54

24. 回身右劈拳

① 右腳前落，腳內扣。同時，右手握拳（圖 3-55）。

② 向左轉體，左掌向上掛至頭左上方。目視左方（圖 3-56）。

③ 繼續左轉體，左腳沿右腳內側向後退步；同時，左掌下掛至胯側，右拳由後向上掄舉起，拳心向左。目視前方（圖3-57）。

④ 右腳掌蹍地，體左轉；同時，重心下沉帶動右拳向下劈於右胯處，

圖 3-55

劈掛拳

圖 3-56

圖 3-57

左掌上掛至右耳側。目視右下方（圖 3-58）。

25. 退步左劈拳

① 右拳變掌經腹前上架，左掌變拳下落於左胯側。目視右方（圖 3-59）。

② 右轉體，右腳經左腳後向後退步；同時，右手向右胯側下掛，左拳由後掄至上舉，小指側向前。目視前方（圖 3-60）。

③ 雙腳前腳掌碾地，右轉體；同時，重心下沉，帶動左拳下劈於左胯處，右掌上掛至左耳側。目視左方（圖 3-61）。

【要點】：

以上左右劈拳動作相同，左右相反，劈拳要連貫、有

圖 3-58

圖 3-59

圖 3-60

圖 3-61

圖 3-62　　　　　　　　圖 3-63

力，力達手掌小指側。掄劈時要使手臂掄成立圓。重心下沉與前腳掌碾轉要一致。

26. 左右撩陰掌

①重心下降，左腳向左開步；同進，左掌向下、向前撩掌，右掌向後拉開。目視左掌（圖 3-62）。

②繼而右腳蹬地，重心左移且升起，左掌繼續上撩。目視左掌（圖 3-63）。

③重心移至兩腳間；同時，右掌經胯側向前撩，而後回帶於面前，左掌協同先上掛至左耳側再向下、向前伸出，兩掌心均斜向上。目視左掌（圖 3-64）。

【要點】：

左右撩掌要連貫，力點在手指。

27. 偷步鏟拳

①上動不停。上右步，左轉體，隨之左腳經右腳後向右插步，成叉步；同時，兩手第一指節卷屈，成「鏟拳」狀，

圖 3-64   圖 3-65

圖 3-66

劈掛拳

收攏於胸前，左掌在外，掌心均向外。目視右方（圖3-65）。

　②重心下壓，兩拳向左右兩側平鏟出，拳心向下。目視右方（圖3-66）。

圖3-67　　　　　　　　圖3-68

【要點】：

上步、插步要快而連貫，向兩側之鑱拳要迅速有力，兩臂要平直。

28.轉身砍掌

①屈左腿，扣右腿，向左轉體180°；同時，兩拳變掌，隨轉體平摟，左掌稍高於右掌。目視左掌（圖3-67）。

①右掌向左上砍掌，左掌外旋，用掌心阻擋右前臂。目視右掌（圖3-68）。

【要點】：

轉體、摟手、砍掌要連貫、有力、砍掌力點在右掌小指側。

29.回身馬步架撐掌

①重心下沉，右腳外展，成半馬步；同時，右掌向下經腹前在右，手背領先掤起；左掌協同收於腰間。目視右掌（圖3-69）。

圖 3-69

圖 3-70

② 右腳外展，右轉
體，上左步，成馬步；同
時，右掌內旋上架於頭上；
左掌向左平撐出。目視左掌
（圖 3-70）。

【要點】：

右掌撩架動作要連貫，
左掌撐掌要運用腰力，力達
掌根，上下肢要協調一致。

30. 收勢

①重心左移升起，體稍

圖 3-71

右轉。同時兩掌由上向前落於胯側，掌心向前。目視左前方
（圖 3-71）。

②右腳尖內扣擺正，重心移到右腳，兩掌向兩側平托
起，掌心向上。目視左方（圖 3-72）。

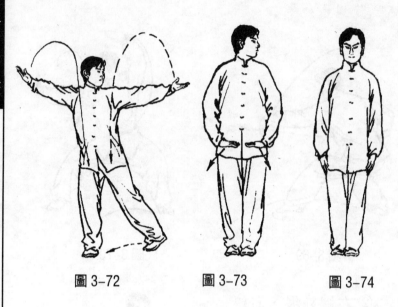

圖3-72　　　　　圖3-73　　　　　圖3-74

　　③左腳向右腳併步，身體立直；同時兩掌向上、向內、向下再經胸前下按至胯前，掌指相對。目視左方（圖3-73）。

　　④兩掌下落於兩腿外側，目視前方。還原成自然站立姿勢（圖3-74）。

　　【要點】：

　　收勢時精神仍要飽滿，動作要大方自然，不宜太快。

第二節　劈掛拳中級競賽規定套路

共四段四十六個動作
時間 50～60 秒

一、動作名稱

第一段

1. 預備勢
2. 右單劈手
3. 左提膝上穿掌（右青龍出水）
4. 左仆步下穿掌
5. 左雙弓步穿掌
6. 行步穿林
7. 右雙弓步穿掌
8. 拍掌（壓打）
9. 半馬步架推掌

第二段

10. 右後橫
11. 合抱掌
12. 叉步雙劈掌（三環套月）（3～4 個）
13. 烏龍盤打
14. 右抹面腳（右圈腿）
15. 右雙撞掌
16. 捋手

劈掛拳

39. 撩掌上掛（撩陰手）

40. 左直拳

41. 叉步雙撐掌

42. 轉身砍掌

43. 轉身後橫

44. 轉身砍掌

45. 回身半馬步架推掌

46. 收勢

二、動作說明

第一段

1. 預備勢

① 併步直立，兩臂垂於體側，手心朝裡，中指貼於褲縫。目視前方（圖3-75）。

② 稍停。屈膝半蹲；同時，左掌向左抬起，掌心朝上，肘下垂，掌與眼同高；右掌稍向上提肘。目視左掌方向（圖3-76）。

【要點】：

直立時要稍含胸，收腹頂頭，精神集中，兩眼要有神，站定停穩。下蹲動作要稍慢，與兩手動作轉頭動作要一致，注意頂頭沉肩，氣下沉。

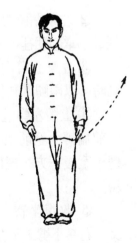

圖 3-75

圖 3-76

圖 3-77

2.右單劈手

①上動稍停。左腳向左開步，成右雙弓步；同時，左肩內扣，左臂內旋，向下至體左後側，虎口朝下；右掌屈肘向上，經右肩前插至左腋下，掌心朝裡。目視左方（圖3-77）。

②左掌貼胯直臂向右挑至體前；同時，右掌向左腋下插掌，掌心朝裡，成兩臂交叉。目視左方（圖3-78）。

③左掌直臂向上、向左掄轉，右掌向下、向右畫弧；同時，以兩腳掌為軸向左轉體。目視左方（圖3-79）。

④上體左轉並前壓，右肩前探，帶動右掌直臂向上、向前掄轉，至前上方，虎口朝上；左掌直臂向下、向後掄轉，至後下方，虎口朝下，兩臂呈斜平。目視前方（圖3-80）。

⑤收腹坐臀，成左雙弓步；同時，帶動兩臂上下交叉，右掌下劈，至左腿外側並貼緊，掌心朝外；左掌上掛至右耳側，掌心朝外。目視下方（圖3-81）。

圖 3-78

圖 3-79

圖 3-80

圖 3-81

劈掛拳

【要點】：

　　成雙弓步時要收腹含胸，左肩內扣。左臂前挑時臂要直，貼胯而過，向左掄轉時，要轉足合膝，轉腰帶臂，兩臂要立圓畫弧。繼續掄轉時要擰腰切胯，以腰發力，右肱部要貼耳根，手盡力遠伸。下劈時要收腹含胸，兩臂上下交錯用力、抱緊。整個動作要上下協調一致。

圖 3-82   圖 3-83

3. 左提膝上穿掌（右青龍出水）

① 上體抬起，並向右轉，帶動右掌直臂前挑，向上、向右掄轉，至體右側，虎口朝上；左掌協同向下、向前畫弧挑起，至左平。目視斜上方（圖 3-82）。

② 以兩腳掌為軸，向右轉體，成右雙弓步；同時，帶動左掌直臂向上、向右掄轉，至頭前上方，虎口朝右；右掌直臂向下經身後向左掄轉，至身左後方，虎口朝下。目視右掌方向（圖 3-83）。

③ 左掌下按，並收至右腋下，掌心朝下；右掌經肋和左手背向斜上穿出，掌心朝上；同時，右腳內扣，左腿提膝，腳尖下垂。目視右手方向（圖 3-84）。

【要點】：

前挑時要身抬手起，轉腰帶臂，臂走立圓。掄轉時須以腰帶臂，合膝轉足，臂要伸直走立圓。穿掌要快速有力，盡

圖 3-84   圖 3-85

力遠伸，右腿立直要穩。整個動作要上下一致。

4. 左仆步下穿掌

右腿全蹲，左腿向左前下落地，成左仆步。同時，左掌貼腹向下，沿左腿內側（手背擦腿）向前穿掌，至左腳面上，虎口向上；右臂稍內旋至虎口向上。目視左掌方向（圖3-85）。

【要點】：

仆步時上體盡力下壓，左掌盡力遠伸，左腳掌不得翹起。

5. 左雙弓步穿掌

重心抬起前移，右腳以腳掌為軸向內擰轉，成左雙弓步，上體含胸左轉；同時，右臂屈肘，右掌向下穿至腰間，掌心向上，左臂內旋架掌於頭上。目視前方（圖3-86）。

【要點】：

穿掌、蹬轉、擰腰要協調有力，含胸有蓄勁。

劈掛拳

圖 3-86   圖 3-87

6.行步穿林

①左腳上步外展；右掌從腰間向前上方穿出，掌心向上，左掌同時後擺與腰齊，掌心向下。目視右掌（圖 3-87）。

②上動不停。左腳上步內扣。目視右掌（圖 3-88）。

③如此再做一至二次①②相同的動作（同圖 3-87、圖 3-88）。

【要點】：

行步要連貫，快而不亂，重心平穩，行走路線成一半圓弧。

7.右雙弓步穿掌

行步至圖 3-88 時，右腳向右前方上半步，左腳以腳掌為軸向內擰轉，上體同時含胸右轉，成右雙弓步；右臂內旋，架掌於頭上方，掌心向上；左臂外展，屈肘穿掌於腰間。目視前方（圖 3-89）。

圖 3-88

圖 3-89

【要點】：

撑腰、蹬轉要協調有力，含胸要有裏勁。

8. 拍掌（壓打）

① 左腳向左上方跨半步，右腳內扣，身體左轉成左雙弓步；右掌向右前方穿出，略高於肩，掌心向上，左臂外旋後擺，掌心向上，兩臂成一直線。目視左掌（圖3-90）。

② 右腳上步，上體前壓，成仆步；同時，

圖 3-90

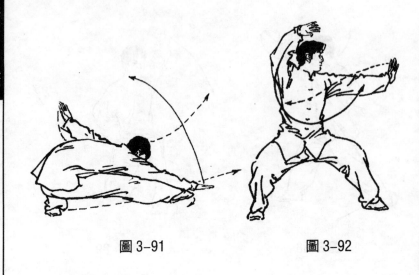

圖 3-91　　　　　　　　　圖 3-92

帶動右掌直臂向上、向前掄轉拍地於右腳前；左掌協同向後，至斜上舉，虎口朝後，掌心朝上。目視右掌（圖 3-91）。

【要點】：

上右步時，身體要左轉，與上體下壓快速一致，上體下壓以助拍地（壓打）之力。拍掌時要沉肩，肘尖朝下，掌心著力。

9. 半馬步架推掌

上體前移，右腳外展，左腳上步成半馬步；同時，右臂由直到屈，上架於頭上，小指側朝上；左掌經腰際向前平推出，與肩同高，指尖朝上。目視左手（圖 3-92）。

【要點】：

上下要一致，推掌時要擰腰催肩、送肘，發力完整，力達掌根，兩腳要穩。

圖 3-93　　　　　　　　　　圖 3-94

第二段

10. 右後橫

① 上動稍停。右掌外旋下落，左掌外旋，向右屈肘，兩臂交叉，左臂在上，掌心均朝裡。目視右掌（圖 3-93）。

② 以兩腳為軸，右轉體 180°，兩腳立即踩實；同時，帶動右臂向右、向後平擺作橫，臂稍彎屈，力點在手背側；左掌協同內旋，向左稍撐開於左肋前，虎口朝下。目視右掌（圖 3-94）。

【要點】：

兩手交叉時，要含胸、沉肩、攏臂，兩臂靠緊，兩肘朝外，身體稍向左轉並下壓，即「蓄勁」。後橫時，兩肩下沉，手臂與身體成一整體，氣下沉，重心螺旋下降，動作用爆發力，全身一致，力達前臂和手背。

劈掛拳

圖 3-95　　　　　　　　圖 3-96

11. 合抱掌

借上動制動的反彈力，再以兩腳前掌為軸轉回，帶動右臂向前平擺作前橫；左掌再協同收回，還原成兩臂交叉（圖3-95）。

【要點】：

前橫時，右臂要有摟抱勁，同時要含胸收腹，勢含力合，力達右前臂及手掌。

12. 叉進雙劈掌（三環套月）（3～4個）

① 上動不停。左腳經右腿後向右插步，成叉步；兩掌向上、向兩側直臂劈至胯側，虎口朝外，力點在小指側。目視右方（圖3-96）。

② 右腳向右橫開步，兩手在腹前交叉，右掌在裡，掌心均朝裡。動作不停。再屈肘向上舉至頭上，仍交叉，右掌

圖 3-97

圖 3-98

在前，掌心均朝前。目視前方
（圖 3-97）。

③ 左腳插步（同①），
兩臂向兩側劈至胯側（同①）
（圖 3-98）。

④ 如此再作一至二次與
②③相同的動作（圖 3-99、
圖 3-100）。

【要點】：

插步與兩臂下劈要一致，
橫開步與兩臂交叉要一致。下
劈時，兩肩要後張、下沉，力
達前臂及手背小指側。兩臂交叉時要含胸收腹，上舉時身體
再打開。前後動作要連貫。

圖 3-99

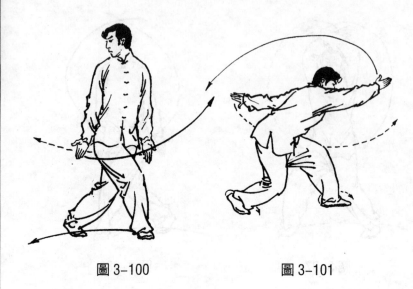

圖 3-100   圖 3-101

13. 烏龍盤打

① 上動不停。右腳向右開步，腳掌著地；同時，上體左轉並前壓，帶動右掌直臂前挑，至前上，虎口朝上，左掌直臂向後，虎口向下。目視右掌方向（圖 3-101）。

② 身體抬起並向右轉，兩腿立起，使右掌向上、向右，左掌向下、向左畫弧至側平，掌心均朝前（圖 3-102）。

③ 身體繼續右轉，

圖 3-102

圖 3-103

圖 3-104

帶動右掌向下經右胯側掄轉畫弧，至身後；左掌向上掄轉畫弧至前上，兩臂呈斜平。目視左掌方向（圖 3-103）。

　　④ 左腿下蹲，上體下壓成仆步，帶動兩掌繼續掄轉畫弧，右掌拍地面於右腳前，左掌至斜後上舉。目視右掌（圖3-104）。

圖3-105　　　　　　　　　　圖3-106

【要點】：

　　整個動作要轉腰帶臂，兩臂貼身，立圓畫弧，臂至上方時要肱部擦耳，保持兩臂成一直線，下上要協調一致，力達手掌。

第三段

14.右抹面腳（右圈腿）

　　① 左腿蹬勁伸直，上體右移；兩掌交叉舉於頭前上方，左掌在裡，虎口均朝裡。目視左前方（圖3-105）。

　　② 左腳向左前方擺步；同時，兩掌向兩則（偏後）分開，掌心朝前。目視左方（圖3-106）。

　　③ 身體左轉，右腿向上、向裡踢起至面前；同時兩掌向前撩至右腿兩側，掌心朝前。目視右腳（圖3-107）。

　　④ 以左腳掌為軸，身體繼續向左轉，右腳繼續向上、向裡畫弧，至最高時向下落；同時，兩掌向上撩至頭前，掌

心朝後。從兩臂之間，目視前方（圖3-108）。

⑤ 重心下坐，右腿向後落地，前腳掌著地，成左雙弓步；同時，兩肘向後拉，使兩掌收於腰際，掌心朝上。目視前下方（圖3-109）。

【要點】：

整個動作要以轉身帶腿帶手，快速一致。右腳至最高時要內扣，腳掌用力，做「抹面」動作，腿下落時，要含胸收腹坐臀，全身勢含力整。

圖 3-107

圖 3-108

圖 3-109

圖 3-110

圖 3-111

15. 右雙撞掌

上動稍停。再以兩腳掌為軸,身體向右翻轉,成右雙弓步;同時,帶動兩掌向上經兩肋、耳側向右推出,兩臂稍屈,左臂在上,右臂在下,虎口相對。目視兩掌之間(圖3-110)。

【要點】:

腳的蹬轉和上體的翻轉要快速有力,使兩肩要有向前頂勁,撞掌有力,力達掌根,兩臂間稍呈圓形。

16. 捋手(陰陽把)

上動稍停。左肩下壓,左掌變拳(外旋)下壓,屈肘,前臂與胯平,拳心朝上;右掌變拳(外旋)協同收於腰際,拳心朝上。目視左掌(圖3-111)。

【要點】:

擰腰旋臂,上下擰成整勁。

17. 小跨步劈拳

①上動稍停。右腳向右前方進步,左腳立即跟上,上

體稍立起；同時，左拳經腹前向上、向前畫弧，至頭前成掌，掌心朝上，肘下垂，右拳變掌，協同向後拉開。目視左掌方向（圖3–112）。

② 右腳再向前進步，左腳立即向前上一大步，右腳再拖地跟半步；同時，身體左轉，帶動左掌向下至胯處，掌心朝前；右掌變拳，直臂向上、向前、向下劈拳，劈於左掌上（左掌接握右前臂）。目視兩掌處（圖3–113）。

圖 3–112

【要點】：

整個動作要步法連貫，上下一致，劈拳要以腰帶臂，準確有力，力達拳輪上；兩手緊貼左胯前。

圖 3–113

圖 3–113 附圖

圖 3-114

圖 3-115

18. 左抹面腳（左圈腿）

上動不停。右腳向右前方上步，腳尖外展；兩掌向兩側（偏後）分開。目視右方（圖 3-114）。其後動作與「右抹面腳」動作相同，惟左右相反。

19. 左雙撞掌

與第二動作「右雙撞掌」完全相同，惟左右相反（圖 3-115）。

第三段

20. 抹面掌（滾劈）（3～4 個）

①上動稍停。上體稍立起，右掌向左腋下插掌，左掌上移至面前。目視左掌（圖 3-116）。

②左腳經右腿後向右插步；同時，身體右轉，帶動右掌向上、向右畫弧下抹，至側平，手心朝下；左掌經右腋下、腹前向左挑起於肩稍高處，掌指朝上。目視右掌方向

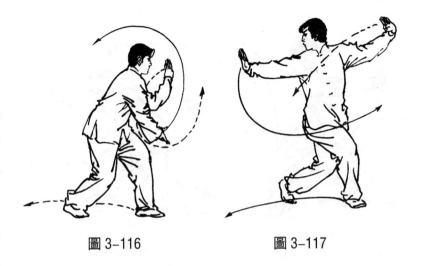

圖 3-116　　　　　　圖 3-117

（圖 3-117）。

　　③ 右腳向右橫開步；同時，右掌向下經胯向左挑至腹前；左掌屈时向右腋下插，插至腋下時掌根用力。目視右方（圖 3-118）。

　　④ 左腳插步（同②之插步）；右掌向上、向右畫弧下抹至側平，掌心朝

圖 3-118

下；左掌經肋、腹前向左挑起至於肩稍高處，掌指朝上。目視右掌（圖 3-119）。

　　將③④動作重複一至二個。

劈掛拳

圖 3-119　　　　　圖 3-120

【要點】：

上下一致，右掌向右、向下做抹面時要以轉腰帶臂，由屈到直，力達掌指，眼隨右掌，左右擺頭。

21. 烏龍盤打

與第二段第四動作「烏龍盤打」動作基本相同，惟前述「烏龍盤打」兩臂從體側下垂開始，而此

圖 3-121

「烏龍盤打」從兩臂側平開始，左掌直接向上、向後掄轉畫弧，保持兩臂在掄轉過程中，成一直線（圖3-120、圖3-121、圖3-122、圖3-123）。

圖 3-122   圖 3-123

22. 雙托掌（二龍吐鬚）

① 左腿蹬地，半蹲起，上體仍保持前俯狀；兩臂直臂向後，至身後兩側，掌心朝後。目視左下方（圖3-124）。

② 左腳向右腳併步，身體立起，帶動兩掌經胯側向前、向上托起，至頭上方，掌心朝後上方。目視上方（圖3-125）。

【要點】：

併步要快，上托要有力，力達掌根，托起時身體向上頂勁，兩腿充分伸直。

圖 3-124

圖 3-125　　　　　　圖 3-126

23. 雙撣手

上動稍停。突然含胸、收腹、斂臂、屈右腿、提左膝；同時兩肘領先，向下（使兩臂由直到屈再到直）經胯側向後撣手，至身後兩側，掌心朝下。目視左方（圖 3-126）。

【要點】：

重心突然下降。兩肘向下用力拉，帶動前臂及掌快速向下，要小指側撣擦腿外側，擊出聲響，力點在手背上。

24. 右單劈手

上體右轉，左腿向左落步成右雙弓步；左掌內旋稍抬起，右掌屈肘經胸前插至左腋下（圖 3-127）。其後動作與第一段的動作「右單劈手」完全相同（圖 3-128、圖 3-129、圖 3-130）。

圖 3-127

圖 3-128

圖 3-129　　　　　　　　圖 3-130

圖 3-131

25. 馬步穿掌

① 上動不停。上體稍抬起；右掌直臂向前撩起至前平，掌心朝上；左掌協同收於左肋前，掌心朝上。目視右掌方向（圖 3-131）。

② 以兩腳掌為軸，身體向右擰轉成馬步；同時，右掌收至腰間，掌心朝上；右掌收回時，左掌心貼右前臂下側，

圖 3-132　　　　　　　　圖 3-133

向前穿出，高與肩平，掌心朝上。目視左掌方向（圖 3-
132）。

【要點】：

穿掌時，要擰腰轉胯發力，力達指尖，兩肩下沉，兩腳
踏實站穩。

26. 雙弓步插掌（戳指掌）

左腳以腳跟為軸外展，右腳以腳掌為軸內扣，身體向左
擰腰轉體成左雙弓步；同時右掌向前穿出，左掌收至腰間，
在轉體同時向後穿出，兩掌心向上。目視前方（圖 3-
133）。

27. 提膝架掌

左腳蹬地提膝，重心後移，右腳內扣，身體左轉；兩臂
上舉，架掌於頭上，左掌在外。目視前方（圖 3-134）。

【要點】：

蹬地、架掌要一氣呵成。

劈掛拳

圖 3-134

28. 弓步劈掌

左腳左跨成左弓步；同時左掌向左前方劈下，右掌後擺於身後。目視左掌（圖 3-135）。

【要點】：

劈掌力在掌根。

29. 合掌翻身

① 右掌向左擺動，手左側合掌，掌心相對。目視兩掌（圖 3-136）。

② 左腳內扣，上體後仰並向右翻轉，頭亦後仰隨轉（圖 3-137）。

③ 翻轉一周後，屈膝下蹲成歇步，右腳外展，左腳跟提起，左膝在右小腿外側頂出，上體俯於右大腿上方（圖 3-138）。

圖 3-135

圖 3-136

圖 3-137

圖 3-138

【要點】：

翻轉要快速敏捷。翻轉時，要仰頭挺胯，重心螺旋下降，成歇步時要穩健。

圖 3-139　　　　　　　　　圖 3-140

30. 提膝挑掌

上動不停。身體立起，兩臂向下、向兩側分開並挑起至側平舉，掌指朝上；同時，右腿提膝，小腿向上抬起，腳底上翻。目視左手方向（圖 3-139）。

【要點】：

挑掌動作要圓滑，與提膝一致。提膝時要收腹用力，使小腿盡力上抬，腳底盡力上翻，獨立要穩。

31. 行步跳起蹬腳（抄手起腳）

① 上動稍停。右腳向前落步，腳尖外展，兩臂不動（圖 3-140）。

② 繼續上左步（圖 3-141）。

③ 再上右步（圖 3-142）。

④ 左腳用力向前上擺起；同時，右掌經胯側向前挑起至前平舉，左掌向上、向後擺至身後。目視右掌方向（圖

圖 3-141　　　　　　　圖 3-142

3-143）。

⑤ 右腳迅速蹬地，屈膝上收至腹前；同時，右掌向後、向上擺至上舉，左掌向下至胯側。目視前方（圖 3-144）。

⑥ 右腳迅速向前上蹬出，腳尖勾起；同時，右掌繼續向後擺；左掌向前與右腳內側相碰（手掌擦腳內側）。目視右腳（圖 3-145）。

圖 3-143

劈掛拳

【要點】：

行步要連貫。跳起時，左腳盡力向高擺，右腿盡力屈膝上收。蹬腿要有力，力達腳跟，手腳擊碰要準確。

圖 3-144　　　　　　　　　圖 3-145

32. 拍掌（壓打）

① 左腳先落地，隨即右腳向前落地向內扣，上體前壓；同時，左掌向後擺，右掌開始向前。目視右腳處（圖3-146）。

② 左腿下蹲成仆步，上體下壓，帶動右掌直臂向下拍地於右腳前；左掌協同向後上擺起。目視右掌處（圖3-147）。

【要點】：

腳落地後，上體迅速下壓。其他與第一段動作的「拍掌」之要點相同。

圖 3-146

圖 3-147

圖 3-148

第四段

33. 回身墊步右單劈手

① 上動不停。借反彈力，上體抬起，重心後移；同時，右腳抬起（抽步）以左腳掌為軸，身體向右翻轉，右腳向後落步，成開立步；同時，右掌向上、向右，左掌隨之向下（圖 3-148）。

② 以右腳掌為軸，右轉體，帶動左腿提膝隨轉；右掌直臂向下、向後舉掄畫弧，至側平舉，虎口向上；左掌直臂向上、向前掄轉畫弧至斜平舉，虎口向下。目視左掌方向（圖 3-149）。

圖 3-149

劈掛拳

圖 3-150　　　　　　　　圖 3-151

圖 3-152　　　　　　　　圖 3-153

③ 右腳向左墊跳一步，隨即左腳向左落步，成右雙弓步；同時，左肩內扣，左臂內旋並向下至斜下方，虎口向下，右掌屈肘經胸前插至左腋下。目視左掌方向（圖 3-150）。之後動作與第一段動作（1）「右單劈手」全同，惟胸背所朝的方向相反（圖 3-151、圖 3-152、圖 3-153）。

圖 3-154

圖 3-155

【要點】：

　　墊步要小巧快速，墊步時要與身體右轉協調一致。其他同上述「右單劈手」之要點。

34.左單劈手

　　與「基本動作」中左單劈手動作完全相同（圖 3-154、圖 3-155、圖 3-156）。

【要點】：

　　見上述「左單劈手」之動作要點。

第三章　劈掛拳競賽規定套路

劈掛拳

圖 3-156　　　　　　圖 3-157

35. 回身墊步左單劈手

①上動不停。以兩腳掌為軸，身體向左翻轉，帶動左臂直臂向上、向左掄轉畫弧至斜上，右臂伸肘畫弧至斜下。目視左掌方向（圖3-157）。

②以左腳掌為軸，身體左轉，帶動右腿提起隨轉；左臂向下，右臂向上，隨身體掄轉畫弧至側平舉，左掌虎口朝上，右掌虎口朝下。目視右方（圖3-158）。

圖 3-158

③ 左腳向右墊跳一步，隨即右腳向右落步，成左雙弓步；同時，右肩內扣，右臂內旋並向下，至斜下方，虎口向下，左掌屈肘經胸前插至右腋下。目視右掌方向（圖3-159）。

圖 3-159

④ 以兩腳掌為軸，上體展開並右轉，帶動右臂直臂經胯側向左、向上、向右掄轉畫弧，至右斜上舉；左臂協同向下經右肋、腹前向左畫弧，至左下方。目視右方（圖3-160）。

圖 3-160

⑤ 上體繼續右轉並下壓，帶動右臂直臂向後下經胯側向後，至斜下，左臂向上經頭上向前畫弧，至斜上，兩臂呈

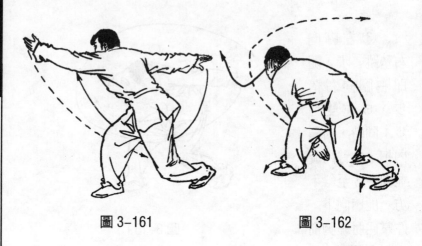

圖 3-161　　　　　　　　　　圖 3-162

斜平舉（圖 3-161）。

⑥與「基本動作」中「左單劈手」之④下劈動作相同（圖 3-162）。

【要點】：

掄臂時，身體要展開。提腿轉體時，右肩要用力內扣，同時要含胸收腹。其他見「左單劈手」之要點。

36. 右單劈手

與「基本動作」中「右單劈手」完全相同。

37. 上步挑拳

①上動不停。右腳上步，上體抬起，帶動右臂（握拳）直臂前挑至前平，左臂協同（握拳）向後伸肘。目視右拳方向（圖 3-163）。

【要點】：

上、下一致，挑拳要腰背發力，力達虎口。

38. 回身劈拳

①繼上動。左腳上步，腳內扣；右拳向上畫弧至頭上

圖 3-163　　　　　　　圖 3-164

方與左臂成斜線，虎口朝後；
左拳變掌。目視前方（圖 3-
164）。

　　② 以兩腳掌為軸，身體
向右翻轉，帶動右臂直臂向下
畫弧，至右胯後方；左臂直臂
向前、向上畫弧至上舉，頭隨
之轉動。目視前方（圖 3-
165）。

　　③ 右腳後退一步；同
時，左拳直臂下劈至左胯側，
力點在小指側，右拳變掌，屈
肘上掛至左耳側，掌心朝外。

圖 3-165

圖 3-166

圖 3-167

目視前方（圖3-166）。

【要點】：

步法要連貫快速，翻轉身要迅猛。左拳下劈要與右腳退步快速一致，同時要求含胸收腹，轉胯發力，力達左拳小指側。

39.撩掌（撩陰手）上掛

①上動稍停。左腿進半步，重心下降成左半馬步；左掌沿左腿內側向前撩出與襠平，掌心朝上，右掌下落至腰間，掌心朝上。目視左掌（圖3-167）。

②重心前移，右腳跟提起；左掌屈肘上掛至左耳側，掌心朝後，右掌向前撩出與襠平，掌心朝上。目視前方（圖3-168）。

③左臂內旋（握拳），屈肘經胸前向下，至左膝上方，拳心朝外；右掌變拳，屈肘回掛至面前與鼻平，拳心朝裡。目視前方（圖3-169）。

圖 3-168

圖 3-169

圖 3-170

④左拳向上屈肘抬起，與眼同高，拳心朝前；右拳內收至左肘內側，拳心朝前。目視前方（圖3-170）。

【要點】：

撩掌時要重心下降，手盡力遠伸，力達掌指。上掛時要以肘關節為軸，上臂甩動前臂，動作要快速、連貫、放鬆。

圖 3-171　　　　　　　　圖 3-172

40. 左直拳

上動稍停。左腳進步，右腳立即跟步，腳跟提起；同時，左拳平直沖出，拳心朝下，右拳協同收於左胸前，拳心仍朝前。目視左拳方向（圖 3-171）。

【要點】：

步法快速連貫、上下一致。沖拳時要送肩，盡力打遠，力達掌面。

41. 叉步撐拳

① 左腳進半步，腳外展，右腳立即上一步，腳尖內扣，上體隨向左轉，成開立步；同時，兩拳收於胸前，拳心相對，兩肘下垂。目視右方（圖 3-172）。

② 左腳經右腿後向右插步，腳跟提起，成叉步；同時，兩拳直向平兩側撐出（成瓦棱拳）。目視右拳方向（圖 3-173）。

【要點】：

步法連貫、上下一致。開立步時，要含胸收腹。成叉步時，左腿要蹬直，與上體成一斜線。撐拳要有力，力達拳根。

42. 轉身砍掌

① 上動不停。以兩腳掌為軸，向左

圖 3-173

轉體 180°；兩臂隨之平轉，兩拳變掌，左掌虎口朝下，右掌虎口朝上。目視左手（圖 3-174）。

② 右掌向前上方砍掌，掌心朝上；左掌隨之外旋，稍屈肘，變虎口朝上，接握右前臂；同時，右腳跟提起成左雙弓步。目視右掌方向（圖 3-175）。

圖 3-174   圖 3-175

圖 3-176　　　　　　　　　　圖 3-177

【要點】：

轉身帶臂、上下一致。砍掌時要擰腰切胯合膝鑽足，爆發用力，力達前臂和手掌小指側。

43. 轉身後橫

①上動不停。以兩腳掌為軸，右轉體 180°；兩掌不變（圖 3-176）。

②兩腿屈膝，重心下降，上體前俯，並繼續右轉；同時，帶動右臂直臂合腕向右後作橫，至左腳上方，虎口朝上；左掌協同，與右掌反方向分開，屈臂合腕，虎口朝上。目視右掌（圖 3-177）。

【要點】：

轉身帶臂、上下一致。做後橫時，重心快速下降，上體俯於大腿上，要收腹斂臂，含胸沉肩，力達手背上。

44. 轉身砍掌

①同 42①，圖同 3-174。

②同 42②（圖 3-178）。

圖 3-178　　　　　　　　　圖 3-179

45. 回身半馬步架推掌

以左腳掌為軸，右腳抬起向後撤步，身體右轉 180°成半馬步；右掌架於頭上，掌心向上，左掌收於腰間，向左推掌，掌指向上。目視左掌（圖 3-179）。

【要點】：

轉身撤步要圓滑，推掌力在掌根。

46. 收勢

① 身體稍右轉，左腳內扣，重心移至左腿上，隨即右腿提膝；同時，兩手外旋合於面前，並向下（肘領先）揮手於胯側，臂稍屈合腕。目視前下方（圖 3-180）。

圖 3-180

圖3-181

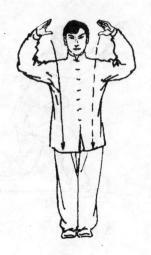

圖3-182

②右腳向右落步，成開立步，右腿稍屈，身體轉正；同時，兩掌向兩側托起與肩平，臂稍屈，掌心朝上（圖3-181）。

③左腳向右腳併步，身體直立。兩臂屈肘至頭兩側，掌心均朝下。目視前方（圖3-182）。

④兩掌下按至胯前，掌心朝下，掌指相對，兩臂稍屈、肘外展；同時頭左轉。平視（圖3-183）。

⑤稍停。手臂放鬆還原成併步垂臂直立。目視前方（圖3-184）。

【要點】：

收勢動作要協調一致，肢體比較放鬆、圓滑。最後按掌時，要迅速擺頭，姿態要沉穩自然。動作雖然稍緩慢，但不要鬆懈和兩眼無神。

圖 3-183　　　　　　　　圖 3-184

第三節　劈掛拳高級競賽規定套路

共四段五十六個動作

時間 1 分 10 秒～1 分 20 秒

一、動作名稱

第一段

1. 預備勢

2. 弓步推掌

3. 仆步亮掌

4. 弓步戳掌

5. 前劈手

6. 提膝穿掌

31. 掄臂提膝

32. 右仆步穿掌

33. 左烏龍盤打

第三段

34. 雙托掌

35. 雙揮手

36. 右劈拳

37. 馬步穿掌

38. 歇步穿掌（戳指掌）

39. 撤步反穿

40. 合掌翻身（單扯肩）

41. 提膝挑掌（野馬奔槽）

42. 行步跳起蹬腳（抄手起腳）

43. 拍掌（壓打）

第四段

44. 回身上步右單劈手（右開門炮）

45. 提膝穿掌

46. 上步左單劈手（左開門炮）

47. 右劈手（少錘）

48. 上步挑拳（倒發五雷）

49. 回身劈拳

50. 撩陰上掛（撩陰手）

51. 上步插掌

52. 叉步撐掌

53. 轉身砍掌

54. 轉身後摸

55. 翻身右單劈手

56. 回身馬步架掌

57. 收勢

二、動作說明

1. 預備式

兩腿併立，兩臂自然下垂，挺胸收腹。目視前方（圖3-185）。

2. 弓步推掌

① 右腳向後撤一步，成左弓步；雙掌置於腰間。目視前方（圖3-186）。

② 重心後移，左腿提膝；兩掌由腰經胸上舉，置於頭

圖 3-185

圖 3-186

圖 3-187

圖 3-188

上方。目視前方（圖 3-187）。

③ 左腳向前落下，成弓步；隨落腳，重心前移，兩掌經胸向前平推，掌心向前。目視前方（圖3-188）。

3.仆步亮掌

① 重心後移，左腿提膝，成右獨立勢；兩掌上舉至頭上方。目視前方（圖 3-189）。

② 左腳向左前方落下，成仆步；左掌同時向左前下

圖 3-189

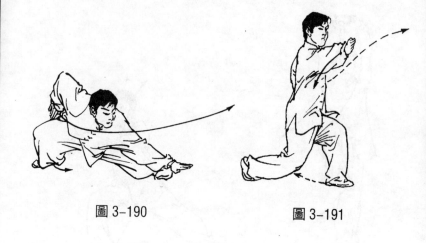

圖 3-190   圖 3-191

方，仆下。右掌置於右腰後下。目視左掌前方（圖3-190）。

4. 弓步戳掌

① 重心前移；隨勢，右掌指領先，由腰間向右前方戳擊，同時，左掌收於腰間。目視左掌前方（圖3-191）。

② 重心後移，左腳向後撤步，腳尖點地，成左虛步；左掌向前平伸，右掌回收至右胸前。目視左掌前方（圖3-192）。

5. 前劈手

① 上體向右轉體90°；左臂內旋；左腳向前邁出一步成右後弓步；右掌置於右肩內部（圖3-193）。

② 左腳掌擰地，腳尖外展，左臂經體前繞環一周，重心左移成左雙弓步；右臂打開，向前、向上、向左下劈掌，同時左掌上掛貼於右耳，掌心朝外，四指朝上。目視劈手方向（圖3-194）。

圖 3-192　　　　　　　　　　圖 3-193

圖 3-194

【要點】：

　　成雙弓步時要收腹含胸，左肩內扣，向左掄轉時，要合膝鑽足，擰腰切胯，兩臂成立圓，手盡力前伸。

圖 3-195

6. 提膝穿掌

① 兩腳以腳掌為軸，同時向右擰轉成右弓步；右臂內旋，右掌經前向上、向右劈出，掌指朝前，掌心向右；左掌向後打開，拇指朝下，掌指朝後。目視右下方（圖 3-195）。

② 左掌下按，並收至右腋下，掌心朝下；右掌經肋和左掌背向斜上方穿出，掌心朝上；同時，右腳內扣，左腿提膝，腳尖下垂。目視右掌方向（圖 3-196）。

【要點】：

穿掌時肩向前送，迅猛有力，提膝穿掌站立要穩，整個動作上下一致。

7. 仆步下穿掌

右腿全蹲，左腿向左前下落地，成左仆步；同時，左掌貼腹向下，沿左腿內側（手背擦腿）向前穿掌至左腳面上，虎口朝上；右臂稍內旋至虎口朝上。目視左掌方向（圖 3-197）。

圖 3-196

圖 3-197

【要點】：

　　仆步時上體盡力下壓，左掌盡力遠伸，左腳掌不得翹起。

圖 3-198

8.左雙弓步穿掌

① 上體抬起，重心前移成左雙弓步；右臂屈肘，貼地面向下、向前穿掌，掌心向上，掌指朝前；隨身體左轉，左臂向上，向後擺動，掌心朝右。目視穿掌方向（圖 3-198）。

② 重心抬起，右腳上步；右掌向斜上方穿出。目視穿掌方向（圖 3-199）。

【要點】：

雙弓步穿掌時，穿掌手與肩要貼地而過，穿出後，要前伸探肩。

9.轉身提膝穿掌

① 以右腳為軸，左腿提膝，身體右轉 240°；左臂外旋，收掌於腰間，隨身體右轉，繞腰向前穿出，掌心朝上；右臂內旋，隨身體右轉，在頭上繞環一周，掌心朝上，掌指朝左。目視左掌方向（圖 3-200）。

② 左腳向前落地；左掌前穿，右掌向後按掌，掌心朝

圖 3-199

圖 3-200

下。目視左手（圖 3-
201）。

【要點】：

提膝轉身，要含胸拔
背，左掌穿出要貼腰而
過，穿出後，左肩前探到
最大限度。

10. 提膝右仆步穿掌

① 以左腳為軸，右
腿提膝，身體右轉 180°；
左掌向上、向前、向下穿
至腰間；右掌隨轉體向

圖 3-201

圖 3-202　　　　　　圖 3-203

下、向後、向上擺至頭上，掌指朝上，掌心向左。目視前方
（圖 3-202）。

　　②左腿全蹲，右腳右側落地，成右仆步；右臂屈肘向
前、向下貼地向右穿掌，掌心向上，拇指朝後；左掌向後打
開，臂內旋，掌心向上，拇指朝後。目視右穿掌方向（圖
3-203）。

　　【要點】：

　　穿掌要盡力向遠處伸，幅度要大，仆步穿掌，要以手背
貼緊地面。

　　11. 行步穿林

　　①上體抬起，重心前移；左臂外旋，左掌掌背貼地向
前上方穿掌；同時右掌後擺，掌心向下。目視左掌（圖 3-

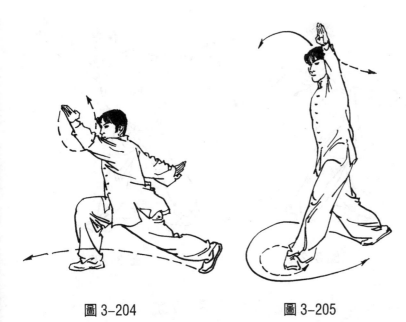

圖 3-204　　　　　　　　圖 3-205

204）。

②左腳上步，腳尖外展，腳外側著地；左臂內旋至立掌，掌心朝前，目視前方（圖3-205）。

③重心前移，以左腳掌為軸，身體左轉，右腳上步扣膝；右臂隨身體轉動下降，掌心朝下，左掌上舉，掌心朝下，兩掌均與腰齊。目視前方（圖3-206）。

④左腳上步；左臂內旋上舉，左掌成立掌，掌心朝前，四指朝上。目視前方（圖3-207）。

⑤右腳上步，腳掌外側落地，重心下降；兩臂隨之向下。目視左前方（圖3-208）。

【要點】：

行步時，左掌前頂，右掌後撐，挺胸收腹，上步疾飛。

劈掛拳

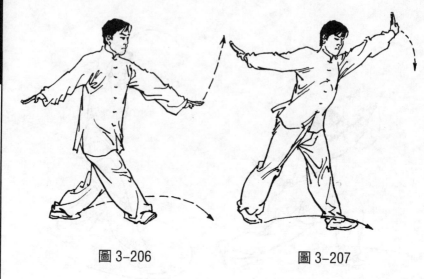

圖 3-206　　　　　　　　　圖 3-207

最後一步上步，重心下沉，內蓄一股勁。

12. 騰空雙劈

右腳蹬地，左腿提膝內扣，腳面繃直；兩臂向下，經胸前交叉向上掄臂帶動身體騰空，當騰至最高點時，兩臂分開向兩側，以掌背領先向兩大腿外側劈掌，擊拍大腿兩側。目視前方（圖 3-209）。

【要點】：

蹬地，提膝，兩臂上掄要協調一致，更有利於身體騰空。此時要提氣，擊拍大腿時要有力。

13. 仆步壓打

左腳向前落地，重心下降，右腳上步，上體前壓，成右仆步；同時帶動右掌直臂向上、向前掄拍於右腳前；左掌協同向後，至斜上舉，虎口朝後，掌心朝上。目視右掌（圖3-210）。

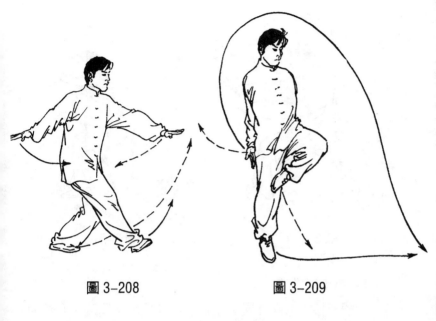

圖 3-208   圖 3-209

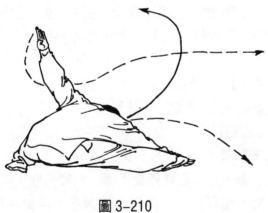

圖 3-210

【要點】：

　　上右步時，身體要左轉，與上體下壓快速一致，上體下壓以助拍地壓打之力。拍掌時要沉肩，掌心著力。

圖 3-211　　　　　　　圖 3-212

14. 馬步架推掌

上體前移，右腳外展，左腳上步成馬步；同時，右臂內旋屈肘，上架於頭上，掌心朝上，拇指朝前，左掌經腰際向前立掌平推，與肩同高，指尖朝上。目視左掌（圖 3-211）。

【要點】：

上下要一致。推掌時要擰腰催肩、送肘，發力完整，力達掌根。兩腳要穩。

15. 右後橫

①上動稍停。右臂外旋下落，左臂外旋，向右屈肘，兩臂交叉，左臂在上，兩掌心均朝裡。目視右掌（圖 3-212）。

②以兩腳為軸，右轉體 180°，兩腳立即踩實；同時帶動右臂向右、向後平擺作橫，臂稍彎屈，力點在手背側，左臂協同內旋，向左稍撐開於左肋前，掌心朝上。目視右掌

圖 3-213

圖 3-214

（圖 3-213）。

【要點】：

雙臂交叉時，要含胸、沉肩、攏臂，兩臂靠緊，身體稍向左轉並下壓，即「蓄勁」。後橫時，兩肩下沉，手臂與身體成一整體，氣下沉，重心螺旋下降。動作用爆發力，全身一致，力達前臂和手背。

16. 雙劈掌

① 左腳撐地外轉，腳尖朝前，上體左轉，成半馬步；兩掌經胸前交叉上舉，左掌在上。目視前方（圖 3-214）。

圖 3-215

② 兩腳蹬地，上體抬起；兩臂外旋，以手背領先，經兩側向大腿外側擊拍劈掌，收腹挺胸。目視前方（圖 3-215）。

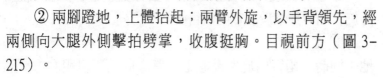

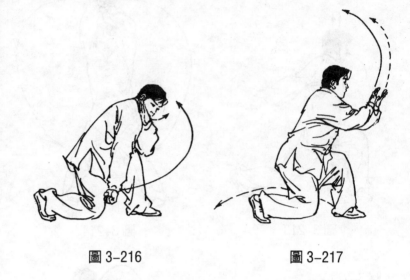

圖 3-216   圖 3-217

【要點】：

劈掌時，頭向上頂，氣向下沉，劈掌有力響亮。

17.跪膝栽拳

兩腳擰地，身體左轉，右腿跪地，腳跟抬起；右掌握
拳，屈肘至肩前，向下臂內旋栽拳，拳背朝前，左掌屈臂上
掛於右肩上，掌心向右，四指朝上。目視右側（圖 3-
216）。

【要點】：

兩腳蹬轉，跪膝、栽拳要協調一致。

18.叉步雙劈掌（三環套月）（3至4個）

①左臂外旋，屈臂至面前 30 公分處，右拳變掌，前臂
外旋，屈臂穿掌於左掌內。目視右掌方向（圖 3-217）。

②上體抬起，右腳踏實，左腳向後叉步，前腳掌著
地；同時，兩臂內旋舉至頭上，掌心向上。目視右方（圖

圖 3-218　　　　　　　　　　圖 3-219

3-218）。

③ 重心後移，左腳踏實，右腳後跨一步，前腳掌著地；右臂向右、向下、向左經體前繞環，左臂外旋，左掌擺至胸前，同時，右掌穿至左手內與左掌交叉，掌心均向內。目視兩掌方向（圖 3-219）。

④ 如此再做 2～3 次與②、③相同的動作。圖同 3-218、3-219。

【要點】：

下臂時，兩肩要後張、下沉，力達前臂及手背小指側。兩臂交叉時要含胸收腹、上舉時身體再打開。前後動作要連貫。

19. 烏龍盤打

① 上動不停。身體右轉，右腳向右橫跨半步成右弓步；同時，右臂內旋，右掌向上、向右側劈掌，與肩平，掌

圖 3-220

圖 3-221

指右上方；左臂內旋，向後打開，掌心朝下，指尖朝後。目
視右掌（圖3-220）。

　　②上動不停。重心左移，右臂內旋，右肩回收，右手
向下，手背貼地，指尖朝左；左臂隨之後擺，掌心朝前，指
尖朝上。目視右掌方向（圖3-221）。

　　③上動不停。右掌繼續向右上方走，拇指朝下，指尖

圖 3-222

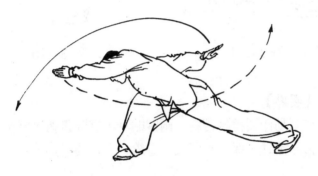

圖 3-223

朝前，左掌隨之後擺，掌心朝上。目視左下方（圖 3-222）。

　　④上動不停。身體繼續右轉，右臂向上、向右、向下、向後，左臂向下、向左、向上、向前掄轉畫弧，兩臂成斜平。目視左掌方向（圖3-223）。

　　⑤上動不停。重心左移，左腿下蹲，上體下壓成仆步，帶動兩臂繼續掄轉畫弧；右掌拍地面於右腳前，左掌至斜後上舉。目視右掌（圖3-224）。

圖 3-224　　　　　　　　　圖 3-225

【要點】：

整個動作要轉腰帶肩，兩臂貼身，立圓畫弧。臂至上方時要肱部擦耳，保持兩臂成一直線。上下要協調一致，力達手掌。

　　20.右抹面腳（右圈腿）

　　①上體抬起，左腿蹬直，身體左轉，右腿向上、向裡踢起至面前；同時兩掌上舉於頭上，左掌在上，掌心均朝上。目視前方（圖 3-225）。

　　②右腿下落屈膝，腳面繃直內扣；兩臂外旋，經兩側畫弧收至腰間。目視前方（圖 3-226）。

【要點】：

整個動作要以轉身帶腿帶手，快速一致。右腳至最高時要內扣，腳掌用力，作「抹面」動作。腿下落時，要含胸收腹坐臀，全身勢含力整。

圖 3-226

圖 3-227

21. 右雙撞掌

右腳右後方落地，身體右轉成右雙弓步；同時，兩臂內旋，兩掌向上經兩肋、耳側向右推出，兩臂稍屈，左臂在上，右臂在下，虎口相對；掌心朝外。目視兩掌之間（圖 3-227）。

【要點】：

撞掌有力，力達掌根，兩臂間略呈圓形。

22. 捋手

上動稍停。左腳上步，重心稍抬起；左掌變拳（外旋）下壓，屈肘，前臂與胯平，拳心朝上，右掌變拳（外旋）協同收於腰際，拳心朝上。目視左拳（圖 3-228）。

圖 3-228

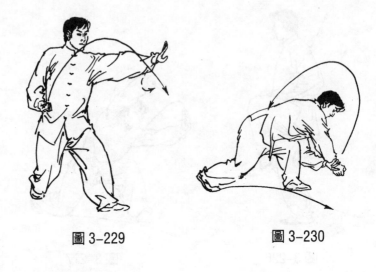

圖3-229　　　　　　　　　圖3-230

【要點】：

擰腰旋臂，上下擰成整勁。

23.小跨步劈拳

①左腳向左橫跨一步；左臂內旋成立掌，向外撐出，掌心朝前。目視左手（圖3-229）。

②左臂外旋，屈肘下落，掌心向上；右臂握拳，直臂向上、向前、向下劈拳於左掌上（左掌接握右前臂）。目視兩手處（圖3-230）。

【要點】：

劈拳要以腰帶臂，準確有力，力達拳輪上。兩手緊貼左胯前。

24.左抹面腳（左圈腿）

①上體抬起，右腳上步，腳尖外展；右臂內旋，右拳變掌向右掄劈收於腰間；左掌屈臂收於腰間，兩掌心向上。目視前方（圖3-231）。

圖 3-231　　　　　　　　　圖 3-232

② 以右腳掌為軸，身體右轉，左腳向上、向右踢擺至面前下落，屈膝內扣；同時，兩臂內旋，經胸前交叉上舉於頭上，左掌在上，掌心均朝上。目視前方（圖 3-232）。

25. 左雙撞掌

兩臂下落，收至腰間，以後動作與右雙撞掌完全相同，惟左右相反（圖 3-233）。

26. 後橫

以兩腳掌為軸，身體右轉，右腳踏實，左腳前腳掌著地；右臂向右、向後做橫，力點在

圖 3-233

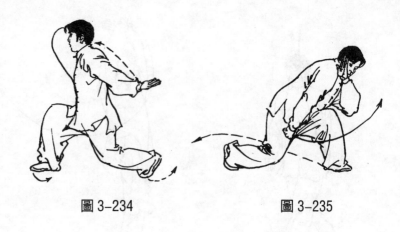

圖 3-234　　　　　　　圖 3-235

手背側，左臂協同內旋，掌心向內，指尖朝後（圖 3-234）。

【要點】：

後橫時，兩肩下沉，手臂與身體成一整體。氣下沉，重心螺旋下降。動作用爆發力，全身一致，力達前臂和手背。

27.跪膝栽拳

以兩腳掌為軸，身體左轉，左腳踏實，右膝跪地；右掌變拳，屈臂內旋，經肩、右肋向下栽拳，拳心朝後；左掌屈臂上掛，護於右耳，掌心朝外，四指朝上。目視前方（圖3-235）。

【要點】：

栽拳時拳要緊貼右肋而下，要擰腰跪膝。

28.抹面掌（滾臂）（3至4個）

①兩腳蹬地，重心抬起，右腳踏實，腳尖外展，左腳後撤一步，前腳掌著地；右拳變掌，向前、向上挑掌，虎口朝上，四指朝前；左掌下收至右腋下。目視前方（圖3-236）。

② 右腳蹬地，重心後移，左腳踏實，右腳後撤一步。上動不停。右臂內旋向後劈掌（抹面而過），掌心向前，四指朝右；左掌前挑，虎口朝上，略高於肩。目視前方（圖3-237）。

③ 如此再做2～3個與①、②相同的動作。圖同圖3-234、圖3-235。

圖 3-236

圖 3-237

圖 3-238

【要點】：

上下要一致。右手向右下做抹面時要以轉腰帶臂，由屈到直。眼隨右掌，左右擺頭。

29. 叉步翻身劈掌

① 左腳後叉一步，右臂內旋前掛，左掌屈臂內收於右腋下。目視前方（圖 3-238）。

② 上動不停。右臂內旋，向上、向後繞環，四指朝後，掌心向左；左掌前挑，虎口朝上。目視前方（圖 3-239）。

③ 上體抬起，左臂向上、向左、向下掄轉，向左翻腰、轉體；同時右臂協同向下、向右、向上掄轉，虎口朝後；左腳獨立支撐，右腿提膝。目視前方（圖 3-240）。

④ 右掌經前向下劈掌；左臂外旋，向前於體前接住向下劈掌的右前臂，虎口朝前；同時，左腿屈膝，右腳落地下蹲。目視前方（圖 3-241）。

圖 3-239

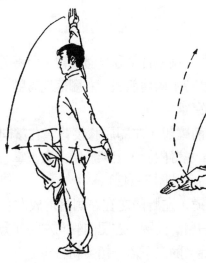

圖 3-240

圖 3-241

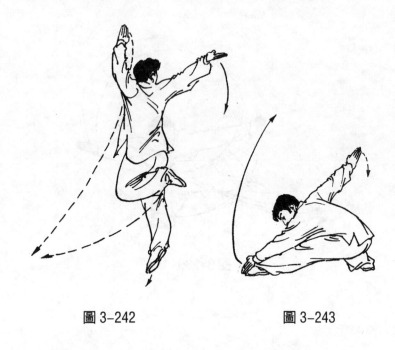

圖 3-242　　　　　　　　圖 3-243

【要點】：

翻身時，腰發力，掄左臂帶動身體左轉。翻轉時，兩臂
伸直，成立圓。劈掌時，兩肩前送。右腳落地震腳。

30.大躍步仆步穿掌

① 雙腳蹬地向前躍起，左腳屈膝後背；右掌向上、向
後擺動，掌心朝上，左臂內旋，上架於頭上方，掌心朝上，
指尖均朝後。目視右掌（圖 3-242）。

② 右腳落地全蹲，左腳隨之在左側落地成左仆步；同
時，左臂下落，經右肩、前胸、左腿內側向左腳前方穿掌，
虎口朝上；右臂內旋，隨之下落，指尖朝右斜上方。目視左
掌（圖 3-243）。

圖 3-244

【要點】：

騰空前躍要高、要遠，挺胸展體，落地要穩。仆步穿掌時掌外緣要貼近地面。

31. 掄臂提膝

① 上體抬起，重心前移成左弓步；左臂向斜前上方掄轉，掌心向右；右臂內旋隨之下落，掌指斜後下方。目視前方（圖3-244）。

② 上動不停。左臂向上、向後，右臂向下、向前掄轉。目視前方（圖3-245）。

③ 上動不停。右臂向上、向後，左臂向下、向前掄轉。目視前方（圖3-246）。

④ 上動稍停。右腿提膝；右臂屈臂上舉，掌心朝後。

圖 3-245

圖 3-246

圖 3-247

目視前方（圖 3-247）。

【要點】：

兩臂掄轉時，要緊貼兩耳，走立圓，兩臂伸直。

32. 右仆步穿掌

① 以左腳掌為軸，身體向右、向後轉體 180°，左腿全蹲，右腳向右落步成右仆步；同時，右掌經前胸右肋、右大腿內側，向右腳前

圖 3-248

方穿掌，掌心向上，拇指朝後；左臂內旋，隨之下落至斜上舉，掌心向上，指尖朝左上方。目視右掌（圖 3-248）。

② 重心前移，上體略抬起成右弓步；右臂外旋，繼續向右上方穿掌，掌心朝右下方；左掌隨之下落，掌心朝上，指尖朝左。目視右手（圖 3-249）。

【要點】：

仆步穿掌時，以掌背緊貼右肋，重心由高向最低。肩和胯要盡量貼近地面。

圖 3-249

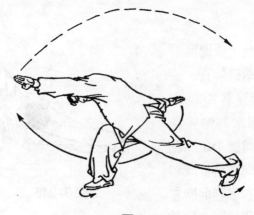

圖 3-250

圖 3-251

33. 左烏龍盤打

動作同右烏龍盤打,惟方向相反(圖 3-250、圖 3-251、圖 3-252、圖 3-253)。

34. 雙托掌

左腿蹬地,左腳向右腳併攏,前腳掌著地;身體直立,

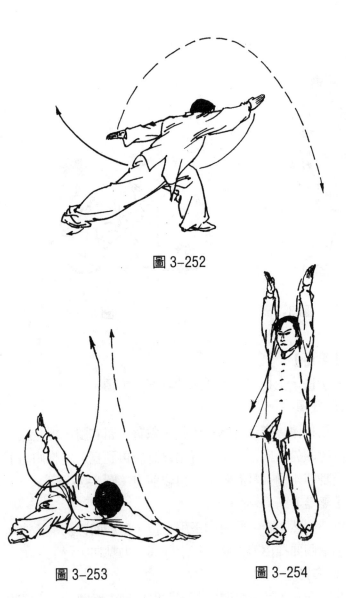

圖 3-252

圖 3-253　　　　　圖 3-254

帶動兩掌經胯側向前、向上托起，至頭上方，掌心朝後上
方。目視上方（圖 3-254）。

圖 3-255　　　　　　　　圖 3-256

【要點】：

併步快，上托有力。托起時身體要上頂。

35. 雙撢手

上動稍停。突然含胸、收腹、斂臀、屈右腿、提左膝；同時兩肘領先，向下（使兩臂由直到屈再到直）經胯側向下撢手至身體兩側，掌心朝上。目視前方（圖 3-255）。

【要點】：

重心突然下降。兩肘向下用力拉，帶動前臂及手　速向下，小指側要撢擦腿外側，擊出聲響，力點在手背上。

36. 右劈拳

左腳向左落地，身體左轉，右腳擰地成跪膝　；右掌變拳向上、向前、向下劈拳，虎口朝前；左臂外旋，於體前接住右臂內側。目視前方（圖 3-256）。

圖 3-257

【要點】：

劈拳要以腰帶臂，準確有力，力達拳輪上。

37. 馬步穿掌

上動不停。以兩腳為軸，身體右轉擰成馬步；同時右拳變掌收至腰間，掌心朝上；左掌向左穿出，掌心向上。目視左掌（圖 3-257）。

【要點】：

穿掌時，要擰腰轉胯發力，力達指尖，兩肩下沉，兩腳踏實站穩。

38. 歇步穿掌

上動不停。以兩腳為軸，身體左轉成歇步；右掌向前穿出；左掌回收腰間向後穿出，兩掌成一直線，掌心均朝上。目視右掌（圖 3-258）。

【要點】：

穿掌時，要擰腰轉體，力在兩手指尖。

圖 3-258

39. 撤步反穿

重心後移，右腳踏實，左腳後撤一步；左掌向上、向前、向下、向後穿掌，掌背貼近地面；右掌向下、向後協調擺至斜上方。目視左掌（圖 3-259）。

【要點】：

左掌穿至最高點時，掌盡力前伸，重心提高，向下、向後反穿時，掌背要貼近地面，重心下降。

40. 合掌翻身

① 上體稍抬起，重心左移成左弓步；左臂外旋；右掌向前方左側畫弧，兩掌於左側斜上方合掌。目視兩掌（圖 3-260）。

② 身體和頭向右翻轉 180°，右腿提膝內扣；兩掌交叉於右前方。目視前方（圖 3-261）。

【要點】：

圖 3-259

圖 3-260

圖 3-261

圖 3-262

翻轉要快速敏捷。翻轉時要仰頭挺胯。

41. 提膝挑掌

上動不停。身體直立，兩掌向下、向兩側分開並挑起至側平舉，掌指朝上，頭向左甩。目視左掌（圖 3-262）。

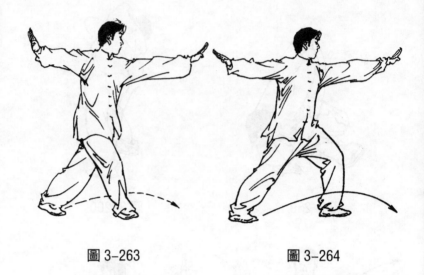

圖 3-263　　　　　　圖 3-264

【要點】：

挑掌時要抖腕立掌，獨立要穩。

42. 行步跳起蹬腳（抄手起腳）

① 上動稍停。右腳向前落步，腳尖外展；兩臂不動（圖 3-263）。

② 繼續上左步（圖3-264）。

③ 再上右步（圖 3-265）。

圖 3-265

④ 左腳用力向前擺起。右腳迅速蹬地，屈膝上收至前腹，向前上方蹬出；同時，右掌經胯側向前挑至側平舉；左

圖 3-266

掌向前擊拍右腳內側。目視右腳（圖 3-266）。

【要點】：

行步要連貫，蹬擺有力。

43. 拍掌（壓打）

左腳先落地，右腳隨即前落內扣成右仆步；上體前壓，帶動右掌直臂向下拍地於右腳前，左掌協同後擺。目視右腳處（圖 3-267）。

圖 3-267

圖3-268　　　　　　　　　圖3-269

【要點】：

與第一段動作的「拍掌」之要點相同。

44. 回身上步右單劈手

①上體抬起，以左腳為軸，右臂向上，向右畫弧，同時身體向右翻轉。右腳落於左腳前成右弓步，左臂協同後擺。目視右手（圖3-268）。

②上動不停。右腿蹬直，左腳尖點地，重心抬起；右掌繼續向下、向後畫弧；左掌向上、向前畫弧，掌心面向自己。目視左掌（圖3-269）。

③上動稍停。左腳上步成左弓步（圖3-270）。

④右臂外旋，以掌外緣領先向上、向前劈掌，左掌協同後擺。目視前方（圖3-271）。

⑤上動不停。右掌下劈至左膝外，左掌屈肘上掛，護於右耳側；右腿屈膝前頂，成左雙弓步。目視左前方（圖

圖 3-270

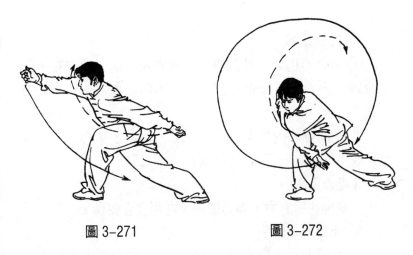

圖 3-271　　　　　圖 3-272

3-272）。

【要點】：

　　掄劈時，兩臂要立圓畫弧，擰腰切胯，合膝轉足。下劈時收腹含胸，兩臂交叉用力抱緊。整個動作要上下一致。

圖3-273 圖3-274

45.提膝穿掌

①上體抬起，身體右轉；右臂向左、向上、向右、向下掄轉一周，至右胯側，左臂打開，向右畫弧。目視前方（圖3-273）。

②左腿提膝內扣；右掌向左上方穿掌，掌心向上，左掌回收下按於右腋下。目視右掌（圖3-274）。

【要點】：

穿掌要快速有力，盡力遠伸，右腿立直要穩。

46.上步左單劈手

①左腳向左落步，腳尖外展，左掌向左斜上方伸出，右掌下落至右斜下方。目視前方（圖3-275）。

②上動不停。右腳上步成右弓步；右掌向上、向左畫弧，虎口朝上；左掌協同後擺。目視右掌（圖3-276）。

③以下動作同右劈手45中的④⑤相同，惟左右臂掄劈

圖 3-275　　　　　　　　圖 3-276

圖 3-277　　　　　　　　圖 3-278

方向相反（圖 3-277、圖 3-278）。

【要點】：

與（45）中的右劈手要點相同。

劈掛拳

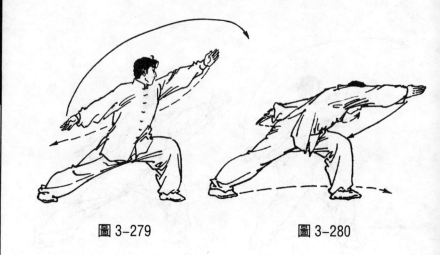

圖 3-279　　　　　　圖 3-280

47. 右劈手

動作與（45）中的③④⑤動作相同，惟劈拳方向相反。右掌劈下後，成虛步（圖 3-279、圖 3-280、圖 3-281）。

48. 上步挑拳

右腳上步，右掌變拳，向前直臂挑至前平，虎口朝上，左臂協同向後伸肘，掌心向外。目視右拳（圖 3-282）。

【要點】：

上下協調一致，挑拳要腰背發力，力達虎口。

49. 回身劈拳

① 繼上動。左腳上步，腳內扣，以兩腳為軸；身體向右翻轉，帶動右臂直臂向後、向下畫弧，至右胯側後方；左臂直臂向前、向上畫弧至上舉，虎口朝後，頭隨之轉動。目視前方（圖 3-283）。

② 右腳後退一步成左虛步；左掌直臂下劈至右胯前，力點在小指側，右拳變掌，屈肘上掛至左耳側，掌心朝外。目視前方（圖 3-284）。

圖 3-281　　　　　　　圖 3-282

圖 3-283　　　　　　　圖 3-284

圖 3-285　　　　　　　　圖 3-286

【要點】：

步法要連貫快速，翻轉身體要迅猛。左手下劈要與右腿退步快速一致，同時要求含胸收腹，轉胯發力，力達小指側。

50. 撩掌（撩陰手）上掛

① 左腳前跨半步成左弓步；左臂外旋，直臂向前撩掌至與肩平，掌心向上；右臂外旋，右掌收至腰間。目視左掌（圖3-285）。

② 左掌回收至腰間；右掌向前撩掌至與肩平。目視右手（圖3-286）。

③ 重心後移，右腳支撐，左腳虛點地；左掌向前撩出至與肩平；右掌收至腰間。目視左掌（圖3-287）。

④ 重心下降，右腿半蹲，左腳回收成丁字步；左掌屈臂回掛；右掌協同上舉到胸前。目視左掌（圖3-288）。

圖 3-287　　　　　　圖 3-288

【要點】：

撩掌時重心下降，掌盡力遠伸，力達掌指。上掛時要以肘關節為軸，上臂甩動前臂，動作要快速、連貫、放鬆。

51. 上步插掌

左腳上步成左弓步；左掌直臂向前插掌；右掌收抱腰間。目視左手（圖 3-289）。

圖 3-289

【要點】：

插掌時要送肩，盡力遠伸，力達四指。

圖 3-290　　　　　　　　圖 3-291

52. 叉步撐掌

右腳上步，腳尖外展，左腳經右腿向左插步，前腳掌著地，成叉步；同時，兩掌直向兩側平直撐出，掌心均朝下。目視右掌（圖 3-290）。

【要點】：

步法連貫，上下一致。成叉步時，左腿要蹬直，與上體成一斜線。撐掌有力，力達指尖。

53. 轉身砍掌

①上動不停。以兩腳掌為軸，向左轉體 180°；兩臂隨之平轉，掌心均朝下。目視前方（圖 3-291）。

②右掌向前、向左砍掌；左掌隨之外旋，稍屈肘，接握右前臂；同時右腳提起成左雙弓步。目視右手方向（圖3-292）。

【要點】：

轉身帶臂，要上下一致，砍掌時要擰腰切胯，合膝鑽足，爆發用力，力達前臂。

圖 3-292　　　　　　　圖 3-293

54. 轉身後橫

上動不停。以兩腳掌為軸，右轉體 180°；同時帶動右掌直臂合腕向後作橫，至左腳上方與肩平，虎口朝上；左掌協同，與右掌反方向分開，屈臂合腕，掌心朝下。目視右掌（圖 3-293）。

【要點】：

轉身帶臂，上下一致。後橫時，要收腹斂臀，含胸沉肩，力達手背。

55. 翻身右單劈手

① 上動不停。以兩腳掌為軸，上體向左翻轉；同時帶動右臂向下、向前、向上掄轉，至右斜上方，左掌隨之向上、向前，掌心朝下。目視左掌（圖 3-294）。

② 上動不停。上體稍擰腰左轉；右掌向前、向左下方劈手，掌心朝外；左掌臂外旋，隨之下擺至左腿外側接住右

第三章　劈掛拳競賽規定套路

劈掛拳

圖 3-294　　　　　　　　圖 3-295

前臂。目視右掌（圖 3-295）。

【要點】：

同右單劈手之要點。

56. 回身馬步架掌

①上動稍停。左腳內扣，身體右轉，右腳蹬地提膝內扣。目視前方（圖 3-296）。

②身體右轉，右腳落地成馬步；左掌立掌，平直向左側推出，掌心向左；右手屈臂，上架於頭上，掌心向上。目視左掌（圖 3-297）。

【要點】：

推掌時，左肩下沉前探，力達掌根或小指外側，馬步要穩。

圖 3-296   圖 3-297

57. 收勢

　①右腳後撤一步成左
弓步；右臂外旋，向前砍
掌；左臂外旋，向前砍掌，
兩掌心均向上。目視前方
（圖 3-298）。

　②左腳蹬地後撤，腳
尖點地成高虛步；兩掌屈臂
回收上舉，掌心相對。目視
前方（圖 3-299）。

　③左腳向右腳併攏成
直立；兩掌屈臂下按，掌心

圖 3-298

圖 3-299

圖 3-300

朝下，成立正姿勢（圖3-300）。

【要點】：

收勢時，肢體要放鬆、圓滑，動作慢，但要兩眼有神。

第四章

劈掛刀競賽規定套路

一、劈掛刀簡介

「劈掛刀」是中國武術優秀傳統套路，是劈掛門所屬短兵套路之一，該刀術攻防擊法頗為突出，實戰威力極大，以劈、掃、撩、掄、削、剁、扎等為其基本刀法。

該刀法是中國武術大師、原中央國術館苗刀教官郭長生（人稱郭燕子）與該館科長馬英圖先生在 30 年代初在中央國術館共同編創的。整個刀法無一花架，根據劈掛拳的特點集小纏刀、子宮刀之精華，並吸收了苗刀的刀法，及通背二十四勢的先進步法研創的。

套路中的技法內涵豐富，結構緊湊，布局勻稱開闊，步法靈活多變，動作舒展大方。

刀術的特點：大開大合，放長擊遠，迅猛剽悍，氣勢磅礴。演練時以身摧刀，身械協調，上下相連，內外均整合一，身如銀蛇擺尾，刀似閃電流星，整個套路無一定勢，如大河流水，濤濤不斷。

雖無定勢但有動、有靜，動靜分明，節奏明順，它不僅具有表演的藝術效果，還有很高的健身作用和較強的實用價值。確是刀中奇葩、中華傳統武術寶庫中的一顆明珠。

（一）刀的部位及名稱（圖4-1）

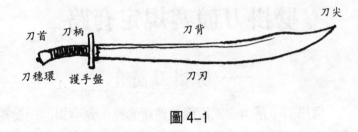

圖 4-1

（二）刀的握法與掌型

1.**抱刀（左手）**：四指分開扣住刀盤，拇指屈扣（圖4-2）。

2.**握刀（右手）**：四指併攏握緊刀柄，虎口貼緊刀盤，拇指屈扣（圖4-3）。

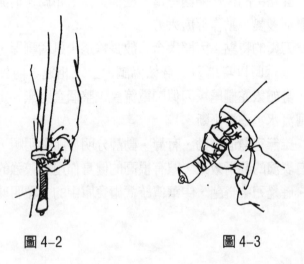

圖 4-2　　　　　　　　　　圖 4-3

圖4-4　　　　　　　圖4-5　　　　　　　圖4-6

3. **掌型**：五指自然伸開，小指稍屈扣，掌心稍內凹。它由掌心、掌背、掌指、掌根、掌外緣等部分組成。掌心朝上為仰掌（圖4-4），掌指朝上為立掌（圖4-5），掌心朝下為俯掌（圖4-6）。

（三）劈掛刀的基本方法

1. **劈刀**：刀由上弧形而下，力達刀刃，動作迅猛有力。

2. **掛刀**：刀沿身體左側或右側立繞向後掛擊，刀尖領先，力在刀背，多為防守用法。

3. **推刀**：刀身立起，刀尖朝下，刀刃朝前，左手按刀背成水平向前推擊。

4. **扎刀**：臂前伸，使刀尖沿直線向前扎擊，力達刀尖。

5. **托刀**：刀身橫向水平，刀刃朝上，刀尖朝右，自下而上托擊。

6. **撩刀**：刀由下弧形而上，力達刀刃。

7. **掃刀**：刀在腰部以下，平擺，力達刀刃。

8. **雲刀**：使刀在頭頂或頭前上方平圓繞環為雲刀，雲刀時要後仰。

劈掛拳

（四）劈掛刀的基本步型

1. **併步**：兩腳內側靠緊，兩腿挺膝伸直。

2. **弓步**：兩腳前後站立，相距約為本人的四個腳掌的長度。前腳屈膝，大腿與地面平行，後腿挺膝伸直，兩腳尖內扣，全腳著地。上體稍前傾。

【要求】：

前腿膝關節之垂影線不要超過腳尖，後腿充分蹬直，腳尖盡量內扣，臀部下壓。

3. **雙弓步（即激絞連環步）**：雙腿屈膝下蹲，重心在兩腳之間，含蓄吞閭收腹斂臀，含膝扣襠，含胸拔背，前腳進，後腳跟，成雙弓步式。這種步法是通背二十四式先進步法，進攻中兩足逢進必跟，逢跟必進，進跟、跟進，故在進擊中能連連發動，環環相套。

4. **歇步**：兩腳左右交叉站立，大腿夾緊，屈膝全蹲，後腿膝蓋於前腿膝窩處前插，小腿外側貼緊，臀部坐在後腿腳跟處，前腳全腳著地，後腳前腳掌著地，上體正直。

【要求】：

下蹲時，兩腿盡量夾緊，後腳膝蓋前插，不要觸地。

5. **虛步**：兩腳前後開立，後腿腳尖外展45°，大腿接近水平，前腿微屈膝，腳面繃緊，腳尖稍內扣，腳尖虛點地面，上體正直。

【要求】：

兩腿虛實分明，重心偏於後腿，要做到實腿（後腿）上蹬而不起，臀部下坐而不落，即蹬而不起，坐而不落。

6. **插步（右插步）**：左腿經身後向右出一大步，兩腳全

腳著地，右腿屈膝，腳尖外展，左腿伸直，身體前壓，略向右轉。

（五）劈掛刀的基本步法

1. **上步：**一腳向前邁一步。

2. **活步：**前腳向前上半步。

3. **躍步：**後腿屈膝前擺，前腳蹬地跳起，接著後腳向前落地。

4. **顛步：**後腳離地提起，腳掌向前腳處落步，前腳立即以腳掌蹬地向前上跳起，將位置讓於後腳，然後再屈膝提腿向前落步。眼向前平視。

（六）劈掛刀的基本訓練方法

劈掛刀是劈掛門的短兵器之一，它技術性強，實用性強，對身體素質要求高，需要有劈掛拳、通背拳的基礎。因此，學習劈掛刀必須遵循由簡到繁、由易到難、由淺入深、循序漸進的原則，這樣才能收到預期的效果。下面重點介紹學習劈掛刀的方法、步驟及應該注意的問題。

1. 學習步驟

（1）加強基本刀法的練習

初學者，應該在練習劈掛拳、通背拳基本功及拳術的基礎上加強基本刀法的練習。劈掛刀是以劈、掛、扎、撩、掃、推、雲等刀法為主要內容。首先要弄清楚各種刀法的動作要領、要點及要求，再按照動作要求一招一勢地進行練習，逐步體會劈掛刀的性能，學會使用方法，提高練習者的專項素質和基本技能。例如：劈刀和掛刀是劈掛刀中使用最

劈掛拳

多的方法，練習者初學時，可兩腳左右開立，右手持刀上舉，經體前，自上向右，向下劈刀，刀刃在前，力在刀刃；持刀手臂內旋180°，繼續向左、向上以刀尖領先掛刀，力在刀背。然後再從上向右、向下劈刀，向左、向上掛刀，這樣反覆練習，達到熟練程度，運用自如，就能體會劈刀、掛刀的用力方法。

（2）基本動作規格化

基本動作是刀法與下肢動作的結合，是套路的主要內容。初學時一定要按照這些動作的規格要求一絲不苟地進行練習，使手型、步型平衡跳躍及使用刀的各種方法趨於規格化。例如：弓步劈刀，首先要求弓步定型正確，完成劈刀的過程要快速、準確、有力，整個動作上下肢協調一致，同時完成，在此基礎上進行動作組合練習，提高動作質量，以便向套路過渡。

（3）嚴格地進行套路練習

劈掛刀整套動作由五十二個動作組成，練習時可根據自己的實際情況進行分段練習、全套練習或超量練習。練習者從中逐步體會動作的動與靜、快與慢、剛與柔。使動有節奏，靜有姿勢；快而不亂，慢而不滯；剛而不僵，柔而不軟；刀法清楚穩健，身械協調一致。

2. 劈掛刀的技術要領

劈掛刀有其獨特的風格特點，在練習時，要正確掌握並熟練運用它，必須做到如下幾條基本技法。

（1）刀術尚猛

「短兵利在速進」，只有快速猛進，才能發揮刀的作用，所以要注意氣勢威猛，勇往直前，身步靈活，勁力至

剛，動作迅疾如風，做到「刀如猛虎」。

（2）刀法清晰

刀的使用方法主要為劈，切忌不分背、刃而扇大板。力點在刃，刀背擋住對方器械，貼身運轉，做防守用。運動時，要靈活轉腕，做到刀法清晰。

（3）刀手配合

拳諺說：「單刀看手，雙刀看走」，「單刀看閑手」。練習時特別講究：刀的運動必須與不握刀的閑手（左手）配合密切。刀、手配合，一是有助於身軀、四肢在運動中的和諧；二是有助於維持運動中的平衡；三是有助於刀法力量在運動中的發揮。

（4）身械協調

練刀強調用整個身體來帶動刀的活動，「刀不離身左右前後，手足肩臂與刀俱轉」。肩肘腕、足膝胯，以及胸腰都須與刀法配合，身械協調。凡刀法，就應做到以身帶肩，以肩帶臂，以臂帶腕，以腕制刀，腰腿助力。

如：掄劈刀，須擰腰轉體，右肩前順，肩動而臂伸，腕隨臂的揮動而轉動。使刀的劈法借助於腰、肩、臂、腕的整體活動，而將力量發揮出來。如果身腰不活，肩、肘、腕僵硬，不能形成整體活動，身械也無從協調，刀法也無從發揮。所以練刀須「用其法，亦惟以身法為要」。

（5）剛柔兼用

刀術尚猛，但猛並不等於純剛，刀法的運用很強調剛柔兼用。一般說來刀術中的防守閃避動作宜用柔，進攻動作宜用剛。因此，練習時，須用刀法，須知攻守，方能剛柔兼用。

3.自學劈掛刀應注意的問題

（1）劈掛刀套路是用插圖與文字互為補充、互為說明的方法進行敘述的，在看圖學習時，首先要掌握圖解的基本知識，然後再學習。具體學習過程如下：

①掌握動作名稱。動作名稱是對動作的精練概括，明確了是什麼動作，也就對動作有了初步的認識。例如：弓步劈刀，下肢為弓步，上肢為劈刀，藉由文字敘述就有了初步概念。

②看清動作的路線指示線。本書指示線右手、右腳運動路線用實線「──▶」，左手、左腳的運動路線用虛線「‥‥‥▶」來表示。透過指示線可以對下一個動作的來龍去脈能知其初步的輪廓。

③細讀文字說明。文字說明是學習套路的主要依據。通過學習，可以準確地掌握動作路線，明確動作的要領及要點。

（2）站立方向要固定

在初學階段，可以固定站立方向，如開始面向西站立。

二、動作名稱

共四段，五十二個動作

時間要求：1分～1分20秒

第一段

1.預備勢

2.虛步抱刀

3.行步穿掌

4.單拍腳

5. 弓步抱刀

6. 跳轉掃刀

7. 左劈刀

8. 右劈刀

9. 左右連劈

10. 翻身劈刀

11. 上步右劈刀

12. 上步左劈刀

13. 提膝掃刀

14. 虛步藏刀

第二段

15. 雙弓步劈刀

16. 插步劈刀

17. 翻身劈刀

18. 提膝掃刀

19. 虛步藏刀

20. 雙弓步劈刀

21. 插步掄劈

22. 插步劈刀

23. 插步劈刀

24. 上步弓步劈刀

25. 虛步掃刀

26. 虛步藏刀

第三段

第四章 劈掛刀競賽規定套路

劈掛拳

51. 虛步抱刀

52. 收勢

三、動作說明

1. 預備勢

兩腳併立，目視前方。左手抱刀（虎口朝前），拇指屈扣在前，其餘四指握住刀柄，刀刃朝前，刀尖朝上，刀背貼靠前臂內側。右手五指併攏，垂於身體右側（圖4-7）。

2. 虛步抱刀

① 右腳向右橫跨半步，成右弓步；同時右臂外展，收掌於腰間，向右上方砍出，掌心朝上。目視前方（圖4-8）。

② 左手持刀，屈臂向右前臂上方穿出；同時右掌向下

圖4-7

圖4-8

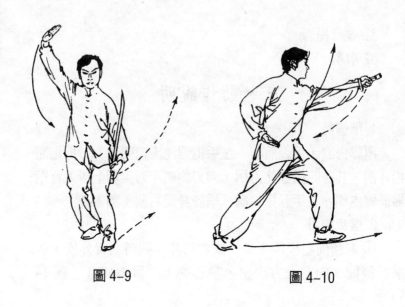

圖4-9　　　　　　　　　　圖4-10

收至腰間，掌心向上，持刀手下擺至原位，右臂內旋，經右側向上架掌於頭上，掌心向上，拇指朝前；身體重心移至右腿，左腿收腳前點成左虛步。目視前方（圖4-9）。

【要點】：

持刀手下擺；右手架掌；左腿收腳前點成虛步。三個動作同時完成。

3.行步穿掌

① 左腳向左上半步，身體左轉，重心前移；左手持刀，向上抬起與肩平，刀尖向後；右臂外展，右掌收於腰間。目視左前方（圖4-10）。

② 右腳上一步成右弓步；右掌經面前向上穿出，掌心向後，掌指向上；同時左手持刀，自然下垂。目視前方（圖4-11）。

【要點】：

圖 4-11　　　　　　　圖 4-12

行步要連貫，動作幅度要大。

③ 左腳上步成左弓步；左手持刀向前上抬起與肩平，刀尖朝後，右掌收至腰間。目視前方（圖 4-12）。

4. 單拍腳

左腿直立，右腿向前上踢擺；右臂內旋，右掌上舉於頭上，擊拍上舉的右腳；左手持刀，下擺至抱刀姿勢。目視前方（圖 4-13）。

【要點】：

擺動腿要快速有力，擊拍要響亮清脆。

5. 弓步抱刀

左腳以腳掌為軸，腳跟外展，身體右轉，右腳向右落地成

圖 4-13

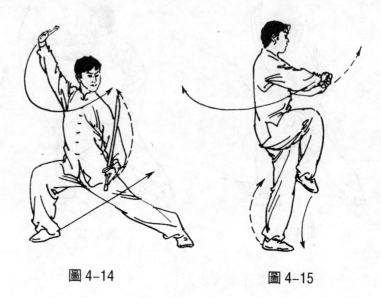

圖4-14　　　　　　　　圖4-15

右弓步；右臂在轉體同時外展，向下、向右、向上翻腕成架掌。目視前方（圖4-14）。

【要點】：

右腳下落，站立要穩，身體重心在兩腿之間。

6. 跳轉掃刀

①右腳蹬地提膝，重心左移，左腿獨立支撐；左手持刀，屈臂於胸前，刀尖朝左，刀刃朝前；右掌下落擺至胸前，握住刀柄成接刀勢，虎口貼住刀盤。目視前方（圖4-15）。

②右腳落地，蹬地騰空向右跳轉，左腿提膝，隨之向右轉動；右手持刀，向右後掃轉；左臂打開，軀幹、頭向右旋轉。目視刀的方向（圖4-16）。

③頭、軀幹及兩腿繼續右轉180°，左腳落地支撐，右腳後落地，重心後移，右腳踏實，左腳尖點地，成左虛步；

圖 4-16　　　　　　　圖 4-17

右手持刀，橫掃一周後，右臂外旋，手心朝上，使刀背向後平擺，刀尖朝下，從背後向左肩外側繞行，向下、向後回拉，肘略屈，刀刃朝下，刃尖朝前；左掌經體前向下，向右腋處環繞，在拉刀之時向前成側立，掌平直推出，掌指向上。目視左掌（圖 4-17）。

【要點】：

蹬地要有力，跳起要高、遠，轉體掃刀，要以腰擰轉來帶動。

7. 左劈刀

① 兩腳蹬地，重心抬起。右臂外旋，向上舉刀，刀刃朝上，刀尖朝後。目視左掌方向（圖 4-18）。

② 左腳後退一步，身體左轉；右手持刀，向上、向前

劈掛拳

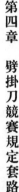

圖 4-18

左下方劈出；左臂屈
肘成立掌，護於右
肩。目視劈刀方向
（圖 4-19）。

【要點】：

撤步劈刀要協調
一致。

8. 右劈刀

上動不停。當右
手劈至左後側，手臂
內旋，刀刃朝上，向
上、向前右下方劈
刀，左臂伸直，向左

圖 4-19

圖 4-20　　　　　　　圖 4-21

上方撐掌。目視劈刀方向（圖4-20）。

【要點】：

同左劈刀。

9. 左右連劈

左劈刀動作與 7-2 動作同，圖同 4-19。

右劈刀動作與 8 動作同，圖同 4-20。

【要點】：

左右劈刀動作要快、連貫。

10. 翻身劈刀

①上動不停。右臂外旋，向上、向前、向左下劈刀，左手屈臂、立掌於右肩側。目視右側（圖4-21）。

②上動不停。重心右移於右腳，以腳掌為軸，左腿屈

膝後背；右臂內旋，右手屈肘提刀，向上、向後劈刀；左手打開，臂伸直，掌心向外。目視左掌（圖4-22）。

③上動不停。以右腳掌為軸，身體繼續向左翻轉180°；右手持刀，向下、向前撩刀，刀刃朝上；左掌隨身體轉動後擺至體左側；左腳落地，腳尖朝前。目視左手（圖4-23）。

④上動不停。身體左轉，右腿略屈膝內扣；右手持刀，向上、向前、向左下劈刀，刀刃朝斜下方；左臂屈肘，左掌立掌護於右肩側。目視劈刀方向（圖4-24）。

圖4-22

圖4-23

【要點】：

兩臂打開，翻轉如輪。劈刀時兩腿夾緊。目隨視刀行。

圖 4-24　　　　　　　　　　圖 4-25

11. 上步右劈刀

　　右腳上步，身體右轉；右手持刀，臂內旋，翻腕向前、向右下劈刀，刀刃朝斜下；左掌外撐，臂伸直。目視刀劈方向（圖 4-25）。

　　【要點】：

　　上步、旋臂、翻腕劈刀幅度小而快。

12. 上步左劈刀

　　左腳上步，身體左轉；右手持刀，臂外旋，翻腕向前、向左下劈刀，刀尖朝斜下方；左臂屈肘，立掌於右肩側。目視劈刀方向（圖 4-26）。

圖 4-26

圖 4-27　　　　　　　　　圖 4-28

【要點】：

同動作 11。

13. 提膝掃刀

右腿提膝，腳尖內扣，腳面繃直，左腿蹬直，上體右轉；右手持刀，前臂內旋，向前、向右平掃，刀刃朝後，刀尖朝左，左掌向左直臂立掌推出。目視刀（圖 4-27）。

【要點】：

提膝獨立平衡要穩，站立腳要五趾抓地。

14. 虛步藏刀

① 右腳落地；右手持刀，從右經前向左掛刀於左腋下，刀尖領先，刀背在前；左臂屈臂亮掌，架於斜上方。目視右方（圖 4-28）。

② 上動不停。左腳前跨半步，身體右轉；右手持刀，

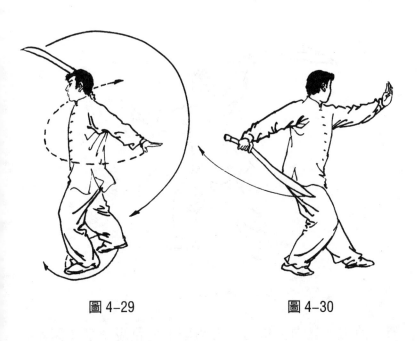

圖 4-29　　　　　　　　　　圖 4-30

從左向前、向右斜上撩刀，刀刃朝右上方；左掌同時從右肩
向左下方直臂推出（圖 4-29）。

　　③ 右腳經體後向左插步，全腳踏實屈膝，上體右轉，
左腳前出，虛步點地；順撩刀之勢，右臂外旋，手心朝上，
使刀背向身後平擺，刀尖朝下，從背後向左肩外側繞行，向
下、向後拉回，肘略屈，刀刃朝下，刀尖朝前；左掌經體前
向下、向右腋處環繞，在拉刀之時向前成側立掌平直推出，
掌指朝上。目視左掌（圖 4-30）。

　　【要點】：

　　上面三個分解動作一氣呵成，連貫起來做，繞刀要使刀
背貼靠脊背。

　　15. 雙弓步劈刀

　　① 右腿屈膝蹬直，左腿屈膝前弓；右手持刀向後拉

圖 4-31

刀，前臂外旋向上舉刀，刀刃朝上。目視左掌（圖4-31）。

②動作不停。右膝前頂，右腳前腳掌著地，左腳踏實，屈膝前頂成雙弓步；右手持刀，自後向上、向前劈刀，刀刃朝下，刀尖朝前；左臂同時向下、向後繞環。目視刀（圖4-32）。

【要點】：

劈刀要擰腰順肩，力在刀刃。雙弓步要注意兩膝前頂，兩腿夾緊。

16. 插步劈刀

上動不停。右腳前跨一步，腳尖外展，左腳經體後向右插步，前腳掌著地；同時，右手持刀，向下、向後劈刀，臂內旋，向上、向前劈刀；左掌在體前自左向上、向前、向下、向後繞環一周。目視刀（圖4-33）。

圖 4-32

圖 4-33

第四章 劈掛刀競賽規定套路

劈掛拳

【要點】：

上步、插步、劈刀、左手繞環要配合協調。

圖 4-34

17. 翻身劈刀

① 右腳向右跨一步，上體左轉，重心後移，左腳前腳
掌擰地，腳掌著地；同時，右手持刀，劈至右後方，刀刃朝
下，刀尖朝後，左掌外旋上托，掌心朝上。目視前方（圖
4-34）。

② 右腳上步，身體左斜上翻轉，兩腳擰地，後膝前
頂，右腳掌著地；同時，右手持刀，從後向下、向前、向
上、向後繞環劈刀，刀刃斜朝上，左掌經上向後繞環至右
肩。目視左下方（圖4-35）。

【要點】：

翻身要如車輪翻轉，下肢擰地站立要穩。

18. 提膝掃刀

右腿提膝，腳尖內
扣，腳面繃直，左腿挺
膝蹬直，上體右轉；同
時，右手持刀，臂內
旋，向前、向右橫掃，
刀刃朝後，刀尖朝右；
左掌向左，直臂立掌推
出。目視刀尖（圖4-
36）。

【要點】：

五趾抓地，獨立要
穩，掃刀要以腰帶動，掃刀要平。

圖4-35

圖4-36

第四章　劈掛刀競賽規定套路

劈掛拳

19. 虛步藏刀

① 右腳落地：右手持刀，從右經前向左掛刀於左腋下，刀尖領先，刀背朝裡；左臂屈臂，成立掌架於左上方。目視右下方（圖4-37）。

② 右腳向左上方跨一步，腳尖外展，左腳掌擰地，上體右轉；右手持刀，自左腋下經前向右平擺掃刀，左掌隨之下落成立掌（圖4-38）。

圖4-37

③ 動作不停。左腳上一步，兩腳碾地，身體右轉；右手持刀，隨著轉體自前向右掃刀；左掌隨轉體向左平擺，掌心朝下。目隨刀轉（圖4-39）。

④ 動作不停。上體右轉，重心右移，右腿屈膝半蹲，左腿稍屈，左腳前腳掌點地成虛步；右手持刀，臂外旋屈腕，手心朝上，刀尖朝下，從背後向左肩外側經前向右上方

圖4-38

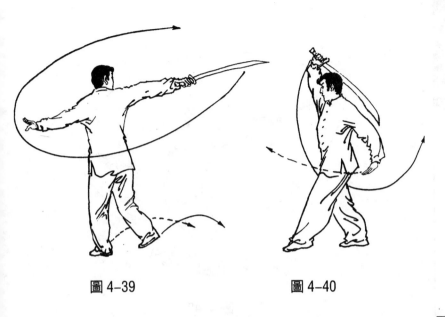

圖 4-39　　　　　　　　　　圖 4-40

繞行；左掌向下、向右平擺。目視前方（圖 4-40）。

　　⑤ 動作不停。重心下降，成右實左虛之虛步；右手持刀，經前向後、向下拉刀，刀尖朝前，刀刃朝下；左掌隨即收回腰間，向前立掌平直推出。目視左掌（圖 4-41）。

　　【要點】：

　　上述五個分解動作要連貫完成，虛步的虛實腿要分明，刀背後繞行時，刀背要貼靠後背運行。

圖 4-41

劈掛拳

圖 4-42

20. 雙弓步劈刀

重心前移，兩腿屈膝前頂成雙弓步，身體左轉；同時右手持刀臂外旋，手心朝上，向上、向前劈刀，刀刃朝下，刀尖朝前；左掌向下、向後弧形擺動，掌指朝後，掌心朝下。目視刀（圖4-42）。

【要點】：

兩膝前頂、轉腰順肩劈刀要協調一致。

21. 插步掄劈

上動不停。右腳前跨一步，右腿稍屈，腳尖外展，左腿經體後向右插步，腳掌著地，兩腿夾緊；右手持刀，向下、向左，臂內旋向上、向右繞環一周掄劈，左手隨之向上、向右至右肩內側再向下、向左繞環一周，掌心朝下。目視刀（圖4-43）。

圖 4-43

【要點】：

劈刀要走立圓，插步要迅速，步法要穩定。

22. 插步劈刀

右腳向右橫跨一步，腳尖外展，重心右移，左腳經體後向右插步，腳掌著地，兩腿夾緊；右手持刀，向下、向左、臂內旋向上、向右繞環一周掄劈，刀刃朝下，刀尖朝前；左掌隨之向上、向右至右肩內側再向下、向左繞環一周。目視刀（圖 4-44）。

23. 插步劈刀

圖解說明同上勢（圖同 4-45）。

24. 上步弓步劈刀

上動不停。右腳右胯一步，屈膝，左腿挺膝伸直，兩腿內扣；右手持刀，向下、向右、向上、向右環繞一周掄劈刀，左掌隨之向上、向右至右肩內側，再向下、向左、向上

圖 4-44

圖 4-45

圖 4-46

繞環成橫掌於頭上方，掌心朝上，掌指朝前。目視刀（圖
4-46）。

　【要點】：

　　弓步時，伸直腿要繃緊，腳跟不要離地。

　25. 虛步掃刀

　　①重心左移，左腿屈膝，右腿蹬直，成左弓步，兩腳
掌內扣，上體左轉；右手持刀臂內旋，刀刃朝上，刀尖朝
後。目視刀（圖4-47）。

　　②右腳前跨一步，腳尖點地，左腿屈膝下蹲，成左實
右虛之右虛步；右手持刀臂外旋，手心朝上，自後向右、向
前掃刀，刀刃朝左，刀尖朝前；左掌自上而下貼於右腕內
側。目視刀尖（圖4-48）。

　【要點】：

　　以上兩個動作要連起來做。掃刀要平。

圖 4-47

圖 4-48　　　　　　圖 4-49

26. 虛步藏刀

　　① 右腿屈膝，腳尖外展，上體右轉；右手持刀臂內旋，手心朝下，向左腋下平擺，刀背貼於左肋，刀刃朝左，

圖 4-50　　　　　　　　圖 4-51

刀尖朝後，手心朝下，左掌隨之向右肩平擺，成立掌貼於右肩。目視右方（圖4-49）。

　②左腳向左跨一步，身體右轉，右腳外展，左腳內扣；右手持刀，自左向前、向右掃刀，刀刃朝後，刀尖朝右；左掌隨之向左、向下平擺，掌心朝下，掌指朝左。目視前方（圖4-50）。

　③左腳前上一步，腳尖虛點地，右腿屈膝，右腳踏實；右手持刀臂外旋，向上舉刀，手心朝上，刀刃朝後，刀尖朝下；左掌後擺成按掌，掌心朝下，掌指朝前。目視前方（圖4-51）。

　④動作不停。右腿屈膝半蹲，左腿微屈膝，腳尖點地，重心下降成右實左虛之左虛步；同時，右手持刀，從背後向左肩外側繞行，再向下、向後拉回，肘略屈，刀刃朝

下，刀尖朝前；左掌從後經腰部向前成立掌平直推出，掌指朝上。目視左掌（圖4-52）。

【要點】：

以上四個分解動作必須連貫起來做，掃刀要平，繞刀要使刀背貼靠脊背運行。

圖4-52

27.雙弓步劈刀

① 右手持刀臂外旋，刀刃朝右下方，刀尖朝右上方（圖4-53）。

② 左腳腳跟、右腳前腳掌碾地，右膝前頂，右腳前腳

圖4-53

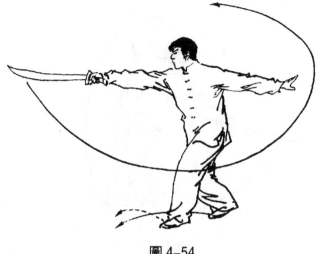

圖 4-54

掌著地，成雙弓步，稍左轉體擰腰；同時，右手持刀臂繼續外旋，刀刃朝斜前方，向上、向前劈刀；左掌自前向下、向後繞環成俯掌。目視刀尖（圖4-54）。

【要點】：

擰腰劈刀、臂後繞環要協調一致。

28. 插步撩劈刀

① 右腳上一步，左腳經體後向右插一小步；右手持刀，從右經體前向下、向後、向上撩刀，刀刃朝上，刀尖朝左；左掌屈臂貼於右肩處，成立掌。目視左掌（圖4-55）。

圖 4-55

劈掛拳

圖4-56

②動作不停。右手持刀向前、向下劈刀；左掌隨之向左擺出，在頭左側上方成橫掌。目視刀（圖4-56）。

【要點】：

插步要迅速平穩，重心不要起伏太大。撩刀要以腰帶臂，以腕制刀。

29.躍起轉身弓步劈刀

①兩腳蹬地跳起騰空，空中向左轉體；右手持刀，從右向下、向左、向上繞環撩刀，刀刃朝上，刀尖朝後；左掌隨之向上、向前繞環（圖4-57）。

②動作不停。在空中兩腳分開，右腳在前，左腳在後，落地時，右腿屈膝，左腿蹬直，兩腳內扣，成右弓步；右手持刀向上、向前弧形劈刀，略低於肩；左臂隨之向後、向上擺出，於頭頂左側上方成橫掌。目視刀（圖4-58）。

【要點】：

蹬地躍起要有力，轉體迅速，落地穩定，劈刀有力。

30. 拖刀勢

左轉體，右腳蹬地向前跨一大步，重心前移，右腿微屈，左腳掌著地；右手持刀臂內旋，刀刃朝上，刀尖朝後；左掌橫掌隨之前移。目視刀（圖4–59）。

圖 4–57

【要點】：

蹬地轉體要協調一致。

圖 4–58

圖 4-59

31. 騰空轉體雲刀

① 左腳前跨一步蹬地，右腿前擺，向上騰空，上體左轉；右手持刀，屈腕向前、向上掛刀；左掌向右肩繞環成立掌，貼於右肩側。目隨刀轉（圖4-60）。

② 動作不停。左轉體，右腳先落地，左腳後落地，隨即左腿提膝，腳尖內扣；右手持刀臂外旋，手心朝上，向左、向

圖 4-60

後、向右、向前雲刀，刀刃朝下，刀尖朝前；左掌隨之繞環

圖 4-61

一周至左上方上舉，掌指朝上。
目視刀尖（圖4-61）。

【要點】：

動作要連貫，雲刀要走平
圓。

32.上步藏刀

左腳向左橫跨一步，屈膝半
蹲，右腿挺膝伸直，身體左轉；
右手持刀臂內旋，經前向左腋下
掛刀，刀背貼於左後背，刀尖斜
朝上；左掌成橫掌於頭頂上。目
視右方（圖4-62）。

圖 4-62

第四章 劈掛刀競賽規定套路

劈掛拳

圖 4-63

【要點】：

藏刀時刀要貼靠後背。

33. 提膝斬刀

左腿挺膝伸直，右腿向左腿靠攏提膝，腳掌內扣；右手持刀，向前、向右平斬，刀刃朝後，刀尖朝前。目視刀（圖4-63）。

【要點】：

斬刀時要用腰力。

34. 虛步藏刀

①左腳前腳掌碾地，右轉體，右腳落於左腳後，屈膝踏實，左腳前腳掌著地；右手持刀臂外旋，手心朝上，隨之向右上方擺出，刀刃朝後，刀尖朝下；左掌向下、向後按掌。目視前方（圖4-64）。

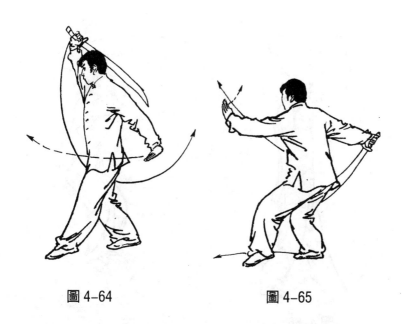

圖 4-64   圖 4-65

② 動作不停。重心下降成右實左虛之左虛步；右手持刀，經前向後、向下拉刀，刀尖朝前，刀刃朝下；左掌隨即收回腰間，向前立掌平直推出。目視前方（圖 4-65）。

【要點】：

注意兩腿虛實要分明。

35. 上步托刀

左腳蹬地，身體上起，右腳前出一步，前腳掌著地；右手持刀臂外旋，刀尖朝後，自後向前、向上托擊於頭前上方，刀刃朝上，刀尖朝右；左掌屈臂附於右前臂內側。目視前方（圖 4-66）。

【要點】：

向上托刀，要凝神提氣，力在刀刃根部。

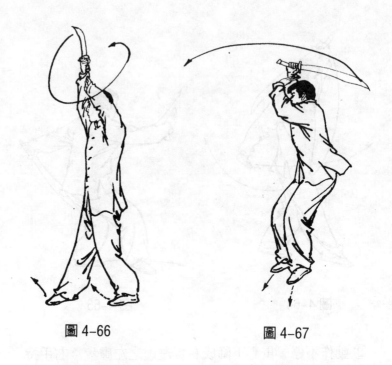

圖 4-66　　　　　　　　圖 4-67

36. 墊步雲刀

右腳蹬地，左腿屈膝前擺落地，右腳落在左腳前；身體騰空時，右手持刀，屈臂在頭頂上方雲刀，刀刃朝上，刀尖朝後；左掌貼於右前臂處。目視前方（圖 4-67）。

【要點】：

雲刀時要以腰帶臂，以腕制刀，蹬地擺腿要迅速。

37. 跟步劈刀

右腳前跨一步，左腳上跟半步；右手持刀向上、向前劈刀，刀刃朝下，刀尖朝前；左掌隨劈刀貼於右手腕內側。目視刀尖（圖 4-68）。

【要點】：

跨步、跟步要連貫迅速。

圖 4-68

38. 歇步反撩

① 兩腳碾地，右腳內
扣，左腳外展，身體左轉；
同時，右手持刀，屈臂向
下、向上往回帶刀於頭上，
刀刃朝上，刀尖朝後；左掌
隨右手同行。目視右下方
（圖4-69）。

② 右腳外展，左腳向
右後方插一小步成歇步，臀
部坐於左腳跟上，兩腿夾

圖 4-69

緊，重心降低，上體前壓；右手持刀自上向前、向下、向右
撩刀，刀刃朝上，刀尖朝右；左掌隨之向左推出成立掌，掌
指朝上。目視刀（圖4-70）。

圖 4-70

【要點】：

反撩刀時身體略向前俯。

39. 獨立反刺

身體提起，左腳前跨一步，重心前移，左腿支撐，右腿隨之向前直蹬，身體後仰；右手持刀，經體側向下、向前掛刀，隨即向後直刺，刀刃朝上，刀尖朝後；左掌在刀向下、向前掛刀時收回，向後直刺時立掌推出。目視刀（圖 4-71）。

【要點】：

前蹬力在腳跟，要與後刺同時進行，獨立要穩。

40. 弓步藏刀

① 右腳落地，身體左轉；右手持刀，臂內旋，向下、向前撩刀，刀刃朝上，刀尖朝右上方；左掌隨之向上、向左下方弧形擺動，掌心朝上。目視刀（圖 4-72）。

② 動作不停。左腳經體後向右側插步，兩腳碾地，左腿屈膝、右腿蹬直成左弓步，兩腳內扣，上體左轉；同時，

圖 4–71

圖 4–72　　　　　　　　圖 4–73

右手持刀，從右上方向上、向前、向下劈刀，前臂內旋，屈臂收刀於左腋下，手心朝下，刀背貼緊身體，刀尖朝左後上方；左掌隨上體左轉，向下、向左、向上繞環於頭上方成橫掌。目視右方（圖 4–73）。

【要點】：

以上兩個分解動作要連貫完成。

41. 虛步藏刀

① 右腳從體後向右跨一步，左腳前腳掌碾地，上體右轉；同時，右手持刀，向右後上方掃刀；左掌下擺成按掌，掌心朝下。目視前方（圖4-74）。

② 重心移至右腿，右腿屈膝下蹲，左腳活步，前腳掌點地；右手持刀，臂外

圖4-74

旋屈腕，刀尖朝下，沿右肩外側向左肩外側繞行，從左肩外側向下、向後拉回，肘略屈，刀刃朝下，刀尖朝前；左掌隨即屈臂於腰間成側立掌，向前平直推出，掌指朝上，小指外側朝前。目視左掌（圖4-75）。

【要點】：

虛實腿要分明，重心落於右腿上。

42. 歇步按刀

① 兩腿蹬地，身體上起，右腳前跨；右手持刀，隨之臂外旋，向右上方撩刀，刀刃朝上，刀尖朝右上方；左掌向上、向左繞環，掌心朝上。目視刀刃（圖4-76）。

② 右腳跟碾地外展，左腳前腳掌碾地，腳跟離地，上體右轉下壓成歇步；右手持刀，臂內旋，手腕內扣，向後、向下拉刀，刀尖向左，隨即向下弧形運動；左掌向前置於刀

圖 4-75

圖 4-76

第四章 劈掛刀競賽規定套路

劈掛拳

圖4-77   圖4-78

背上，與右手同時向下按刀，刀刃朝下，刀尖朝左下方。目視刀下方（圖4-77）。

【要點】：

撩刀要舒展大方，按刀要快速有力，歇步要穩。

43.弓步推刀

右腳蹬地，身體重心前移，左腳前跨一步屈膝，右腿繃直成左弓步；同時，右手持刀，左手按刀，向前推刀，刀刃朝前，刀尖朝下。目視推刀方向（圖4-78）。

【要點】：

重心前移，蹬地推刀要協調一致，上體前壓。

44.弓步雲刀

①重心後移，左腿屈膝，右腳前腳掌著地；隨之兩手屈腕，刀刃朝左，右手小弧、左手大弧向左、向後、向右雲刀。雲刀時頭後仰。目隨刀轉（圖4-79）。

②動作不停。重心下降，上體前壓；同時，右手小弧、左手大弧自右向前雲刀。目視刀尖（圖4-80）。

圖 4-79　　　　　　圖 4-80

③重心後移，左腳後退一步，腳尖外展，兩腿夾緊成歇步；上體後移的同時，右手持刀，臂內旋，肘上提；左手扶刀，向左、向下弧形擺動，刀刃朝前，刀尖朝下。目視前方（圖 4-81）。

【要點】：

雲刀時身械要協調，以腰帶刀。

45. 雙弓步劈刀

①左腳前跨一步，重心前移；右手持刀臂外旋，向上、向前弧形劈刀，刀刃朝下，刀尖朝前；左掌隨之向下、

圖 4-81

劈掛拳

圖 4-82

向後擺動。目視刀尖（圖4-82）。

②動作不停。重心後移，右腳踏實；右手持刀向下、向後劈刀，刀刃朝下，刀尖朝後；左掌向下、向前擺動至右肩側成立掌。目視刀（圖4-83）。

【要點】：

擰腰劈刀要快速有力。

46. 提膝劈刀

左腿蹬直，右腿向前提膝，上體右轉；右手持刀，臂內旋，向後、向前、向右劈刀；左掌隨之向左上方立掌推出。頭向右甩，目視右方（圖4-84）。

【要點】：

提膝平衡要穩，劈刀、推掌、甩頭要同時進行。

47. 躍步劈刀

右腳落地，蹬地躍起，左腿前擺。右手持刀，臂外旋，向上劈刀；左臂屈肘成橫掌於頭上。目視左方（圖4-85）。

圖 4-83　　　　　　　　　　圖 4-84

圖 4-85

第四章　劈掛刀競賽規定套路

劈掛拳

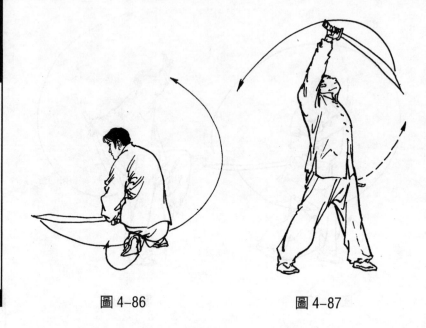

圖 4-86　　　　　　圖 4-87

【要點】：

蹬地擺腿要協調一致，向上、向前躍起，劈刀要走立圓。

48. 歇步按刀

上動不停。左腳先落地，腳尖外展，右腳經體後向右插步落地，前腳掌著地成歇步，上體左轉；右手持刀，向前、向下劈刀；左手向下按刀背，並與右手同時向下用力按刀，刀刃朝下，刀尖朝前。目視刀下方（圖4-86）。

【要點】：

左腳先落地，右腳後落地，兩腿夾緊，重心要穩。

49. 翻身併步扎刀

①上體抬起，雙腳以腳掌為軸，身體向右翻轉180°，

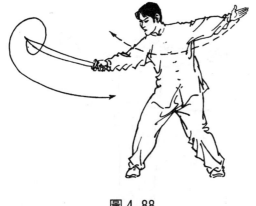

圖 4-88

兩腳開立；右手持刀，以刀刃領先，向右、向上撩刀，刀刃
朝上；左掌隨之向下伸直。頭後仰與身體同轉。目視右手
（圖4-87）。

　　②上動不停。身體繼續右轉，兩腿成右雙弓步；右手
持刀，向前劈刀，刀尖朝前。目視前方（圖4-88）。

　　③身體右轉；右手打一外刀花，屈臂藏刀於右側，刀
尖朝前，刀刃朝下；左掌
屈臂，向前按掌，虎口朝
前。身體重心下降。目視
前方（圖4-89）。

　　④右腳蹬地，左腳
向右腳併攏直立；右手持
刀，向前扎刀，刀尖朝
前，刃朝下；左掌後擺，
馬扎刀方向成一直線，掌
心向上。目視扎刀方向

圖 4-89

劈掛拳

圖 4-90

（圖 4-90）。

【要點】：

翻身以右肩領先，以腰為軸滑如輪。打刀花時，身體重心要下降，蓄住一股勁。扎刀向前要探肩，身體隨刀勢向前傾，以增強刀力。

50. 弓步收刀

① 左腳向左跨一步成左弓步；右臂內旋，刀尖朝下，刀背面向自己，向前、向左平轉；左

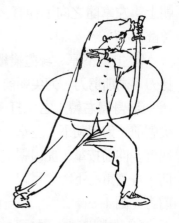

圖 4-91

臂屈肘，左掌擺至右腋下，拇指朝下，掌心向外。目視前方（圖 4-91）。

② 上動不停。右手持刀，繞背後至右肩處，右臂外旋，以刀刃領先，向前、向左砍刀於左前方，臂內旋翻腕，

圖 4-92 　　　　　　　　圖 4-93

刀刃朝外，刀尖朝後；左臂伸直於左前
方，接住刀柄，刀背貼於左臂。目視前
方（圖 4-92）。

【要點】：

纏頭刀，刀背緊貼後背，臂內外
旋，翻腕要清楚快速。

51. 虛步抱刀

①重心後移，右腿支撐，左腳向
右前方撤步，腳尖點地，身體右轉成左
虛步；右手變掌，擺至身後。拇指朝
上，掌心朝右。目視前方（圖 4-
93）。

②左手持刀，下落成抱刀姿勢，
右掌上舉，翻腕架於頭上，掌心朝上，拇指朝前。向左甩
頭。目視左側（圖 4-94）。

圖 4-94

劈掛拳

圖 4-95

圖 4-96

【要點】：

由弓步變虛步要穩，架掌與甩頭要協調。

52. 收勢

①右腳蹬直，重心抬起，左腳後撤半步；右掌下落至腰間，向前穿出，掌心向上，掌指朝前。目視前方（圖4-95）。

②右腳撤回，與左腳併攏；右掌回收，向後經上向下按摩，掌心向下。向左甩頭。目視前方（圖4-96）。

③兩手放鬆下垂，成立正姿勢，左手握刀。目視前方（同圖4-7）。

第五章

瘋魔棍競賽規定套路

一、瘋魔棍簡介

1. 源流

「瘋魔棍」同音、同名者較多，如少林瘋魔棍、風魔棍、風磨棍等。這套棍因其動作矯健敏捷，快速迅猛，棍行有聲，腳底生風，如瘋似魔而得名。又因其快猛，交手中對手有眼難避，眼花繚亂，如同盲人一般，故又名「瞎子棍」。

此棍法係 30 年代初，由郭長生、馬英圖等先輩共磋技藝，專心研究，集群羊棍、梨花槍和苗刀之特點，吸收了通臂二十四式之步法，編整而成。內容充實，風格獨特，技法特點突出，實戰威力較大。先輩郭長生在原中央國術館期間，曾將此棍傳給了曹硯海、高玉清、郭建偉等。返回故里後，又傳給了其子郭瑞林、郭瑞祥以及牛增華、韓俊元等。

郭長生去世後，其子郭瑞林、郭瑞祥為繼承和發揚這一優秀的民族文化遺產，又培養了大批骨幹，並取得了一定的成績。其中王志海、王華鋒曾先後參加了 1979 年、1983 年和 1984 年的全國武術觀摩交流大會，榮獲優秀項目獎，瘋魔棍亦被評為優秀套路。

2. 風格特點

瘋魔棍，棍勢樸實，不崇花招；動作迅猛，變化敏捷；

快慢相間，攻防有度。演練時，如瘋似魔，棍走風響，兩腳生煙；進身走步鑽、黏、連；身腰輾轉快如電。形無定勢，動無虛招，勢如「大河奔流，起伏跌宕，一瀉千里，勢不可當」。

瘋魔棍的全套動作，集刀法、槍法及棍法之特點，交替貫串始終，使之結構獨特，方法巧妙，變化多端。時而「槍扎一線」；時而「棍打一片」。要求身棍和諧，發力順猛，開合爆發；步法疾速，靈活多變。棍法的滾、劈、撐、轉；步法的進、退、趨、避，無一不從實戰出發。

3. 基本方法

（1）步法、身法

瘋魔棍的步法，多取通臂二十四式中的激絞連環步。這種步法黏、連絞織，互為子母，步步相連，環環相套。走起場來越走越快，使人防不勝防。

它的具體做法是：兩腿稍屈，切胯合膝，前腳踏實，後腳跟稍抬起。運動中要求逢進（步）必跟（步）；逢跟（步）必進（步）。相依相生。它吸收了通臂、劈掛中撐腰切胯，肩沉氣按的調勢、調氣要法，演練起來，雖速度快，力量爆，但下盤穩健，連擊性較強。

身法上，吸收了劈掛中的大開大合，大劈大掛，含胸拔背，撐腰切胯。使之步走腰隨棍緊跟。要求腰、胯、腿、膝、肩、肘、臂、腕和棍的運用貫通一氣，協調自然。

（2）棍法

棍長以高出自身8～10公分為宜，分前、中、後三個部分。演練時，力點要準確，梢把要分清，起止、虛實要分明。

其特點是：突出把法的運用，有「棍法本身就是把法」之說。把法包括移把、換把、握把。移把分前移（滑）、後移（滑）；換把也分左、右換把；握把即握棍的方法。正確的握棍方法是：大拇指與食指緊扣，其他手指鬆握。要做到握而不死，活而有力。以便於舞花旋腕、移把、換把和身、步、腰、棍協調自然。

瘋魔棍是「棍打兩頭、橫掃一片、棍法無窮、變化多端」。主要方法有：吞吐、崩挑、劈砍、撩點、雲掃、圈轉和揭殺等。這些方法綜合地體現在套路的一招一勢之中。

二、動作名稱

共四段，六十個動作

時間：1分～1分20秒

第一段

1. 預備勢
2. 托槍上陣
3. 單手撩棍
4. 力劈華山
5. 直刺
6. 翻身摔棍
7. 摘心挖眉
8. 上步撲棍
9. 大銑揚土
10. 走馬上任
11. 老虎撅尾
12. 左右算棒

13. 舞花棍

14. 攔腰格棍

15. 轉身撲棍

16. 犀牛揚角（迎推刺）

17. 老翁砍柴

18. 犀牛揚角

19. 地府挖寶

20. 扣壓下扎棍

21. 插步下扎棍

第二段

22. 左算棒

23. 右算棒 ·

24. 勾踢下摟棍

25. 挑把

26. 舞花棍（轉身攪三槍）

27. 插步攪棍

28. 轉身平刺棍（孤雁出群）

29. 行步拖提棍（敬德倒拉鞭）

30. 轉身搶棍（風卷殘雲）

31. 馬步橫掃棍

32. 回身橫掃棍

第三段

33. 右劈把

34. 舞花棍

35. 回身提撩棍
36. 轉身扛棍
37. 翻身扎槍（黑白鷂子）
38. 仆步摔棍
39. 提撩棍
40. 轉身摔棍
41. 回身撥棍
42. 前點棍（太公執杆）
43. 左撥棍

第四段

44. 歇步下挑棍（歇步埋伏）
45. 躍起插步刺棍
46. 轉身平掄棍（原地瘋魔）
47. 戳把
48. 舞花棍
49. 翻身摔棍
50. 拖棍（倒拉鞭）
51. 斜挑棍（左右波劈）
52. 戳把（蛇棍）
53. 退步崩棍
54. 仆步摔棍（仆棍）
55. 弓步直刺（扎槍）
56. 烏龍翻江
57. 舞花棍
58. 單手撩棍

59. 提膝托棍

60. 收勢

三、動作說明

1. 預備勢

併步站立，兩手持棍（陰陽把），橫貼於腹前。目視前方（圖5-1）。

【要點】：

神態要自然，稍挺胸收腹，兩手握棍不要過緊。

2. 托槍上陣

頭向左轉。目視左側（圖5-2）。

【要點】：

轉頭要快，同時要稍提氣拔頂，兩手緊握棍。

【用法】：

準備與對方交手。

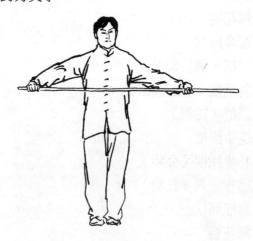

圖 5-1

圖 5-2

3.單手撩棍

　　①左手向下，右手向上，使棍立於體前。目視左側（圖5-3）。

　　【要點】：

　　棍貼身，與地面垂直。

　　【用法】：

　　對方向我胸腹橫擊，我速立棍格擋。

　　②身體左轉；同時右手旋腕向下、向前，左手滑動，向上挑棍至右肩

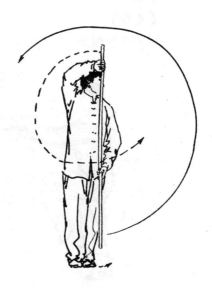

圖 5-3

劈掛拳

上。同時右腿提膝，平視前方（圖5-4）。

【要點】：

轉身、挑棍、提膝要協調一致。

【用法】：

棍梢向上（貼對方棍），挑彼手臂。

③ 棍不停。左手鬆開，使棍由後向前撩棍，至棍身水平時，左手沿右手下向前。目視棍梢（圖5-5）。

圖5-4

【要點】：

右手腕要鬆活，前撩時棍要貼身，立圓畫弧。

圖5-5

【用法】：

撩對方襠部，或向對方虛晃一招。

④ 右腳向後落步，左腿提起；同時左手握棍，右手回拉，兩臂伸直。目視棍梢（圖5-6）。

【要點】：

左手接棍要鬆握，使棍能在手中滑動。

圖 5-6

【用法】：

此係埋伏勢，待敵進身後隨機出招。

4.力劈華山

① 左腳向前落步（圖5-7），隨即右腳進步，亦可連續進步（圖5-8）。

圖 5-7

劈掛拳

【要點】：

步法要輕快，重心要下降。

【用法】：

追逼對方。

② 左腿提膝；同時雙手持棍上舉，棍梢朝後。目視前方（圖5-9）。

③ 左腳向前落步成仆步；同時雙手持棍用力下劈，擊於地面。目視棍梢（圖5-10）。

【要點】：

摔棍時，右手向後下方拉，左手向前下方壓；左手不要握死，按上即可，以免擦傷手指。

【用法】：

追逼對方後，向其身劈擊。

圖5-8

圖5-9

圖 5–10

圖 5–11

5. 直刺

重心前移成弓步；同將將棍向前刺出。目視棍梢（圖5–11）。

【要點】：

動作要迅速，刺棍要平直、有力，力達棍梢。

劈掛拳

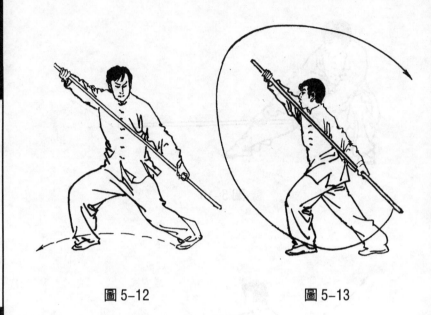

圖5-12　　　　　　　　圖5-13

【用法】：

對方欲逃，即向其中盤刺去。

6.翻身摔棍

①身體右轉，重心移至右腿，左腳跟步成雙弓步；同時右手持棍，貼肋向右上方提位。目視棍梢（圖5-12）。

【要點】：

轉身時腳下要靈活，動作要快。提拉棍時，棍梢擋在後腿外側，不宜過高。

【用法】：

當對方向我下盤擊來時，我用棍端掛擋，以護腿部。

②左腳向前上步（圖5-13），以兩腳前掌為軸，身體右後轉；同時左手滑把向前、向上撩棍。目視棍梢（圖5-14）。

圖 5-14

【要點】：

上步轉身要快，棍要貼身走立圓。

③右腳退步；同時，棍隨右腿後撥，舉至身後。目視前方（圖 5-15）。

【要點】：

棍走立圓，退步、撥棍動作要一致。

【用法】：

當對方向我左側橫擊時，用撥棍將其掛開。

④重心後移，右腿全蹲成仆步；同時兩手持棍，向下猛力摔棍。目視棍梢（圖 5-16）。

【要點與用法】：同動作之 4。

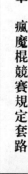

劈掛拳

圖 5–15

圖 5–16

7. 摘心挖眉

① 右腿屈膝站立，左腿收提於右腿內側；同時，左手鬆握棍，右手向後、向上提拉，棍貼地體左側。平視前方（圖5-17）。

【要點】：

收腿、收棍要靈活、敏捷。

【用法】：

欲向左閃進。

圖 5-17

② 左腳向左前方閃步，右腿擦地跟步成雙弓步；同時，左手向前、右手向下經腰腹向前旋推，弧形向右前方點棍。縮身藏頭，目視棍梢（圖5-18）。

圖 5-18

劈掛拳

圖 5-19

【要點】：

步法要快，並與棍的動作相一致，做到身棍齊到。

【用法】：

對手直線向我擊來時，我向左閃，同時向對方胸、面部點擊。

8. 上步撲棍

右腳向前上步成歇步；同時兩手用力下壓，將棍平撲（悶）於地上。目視前方（圖 5-19）。

【要點】：

要直接撲棍，不要向上預擺，或使棍跳動，身體和手臂要有旋擰勁。

【用法】：

對方正面擊來時，我立即下悶，擊其器械及手臂。

9. 大銑揚土

① 兩腿彎曲站立，上體稍右轉；同時棍梢右擺。目視棍梢（圖 5-20）。

【要點】：

以身帶棍，靠身體的轉動擺棍，把力蓄足。

② 上動不停。左腳上步，同時向左轉體，向左上方挑棍。目視棍梢（圖5-21）。

【要點】：

以轉頭轉體帶兩臂，挑棍要有力，力達前端。

【用法】：

對手向左躲閃或棍已壓住對手器械時，用此法擊其手臂或上盤部位。

10. 走馬上任

左腳活步，右腳向前蹬出，與膝同高；兩手同時用力向右下方劈棍。目視棍梢（圖5-22）。

【要點】：

劈棍時要轉體發力，並與蹬腳同時完成，動作要快，力達前端。

圖5-20

圖5-21

劈掛拳

圖 5-22

圖 5-23

【用法】：

當對手進身，我即用腳蹬其膝部，用棍斜劈其身。

11. 老虎撅尾

① 上動不停。右腳向前落步後，左腳上步，隨即向右轉身成雙弓步；同時，使棍向前、向右攪壓，棍尖觸地，左手向右手靠攏，兩手貼於左胯旁。目視棍梢（圖 5-23）。

【要點】：

轉身、攪壓棍要迅速有力，畫弧不易過大，身體姿勢要

合攏，兩臂要緊靠
身體。

【用法】：

對方向我刺
來，我猛回轉身，
攪壓其器械。

②上動不停。
兩腿蹬伸，用力向
後上方撅臀，帶動
棍端上撅。目視棍
梢（圖5-24）。

圖5-24

【要點】：

撅棍要靠蹬
腿、活胯、撅臀發
力，兩手緊靠胯
部，使身、棍成一
體，發勁要脆。

【用法】：

猛挑其襠部及
手臂等。

12.左右算棒

①左手鬆握，
右手向右拉棍（圖
5-25）；隨即身體

圖5-25

左轉，帶動左腳退步；同時，左手倒把變虎口相對，右手快
速向上、向左揮動靠攏左手，兩手屈於胸前，將棍把端劈至

圖 5-26

右側，與頭同高。目視把端（圖5-26）。

【要點】：

轉身要快；兩手倒把、滑把要靈活有力，邊劈邊滑，力達棍把的前半部。劈後姿勢要合攏。

【用法】：

對方向我直線攻來；我速退步閃轉，向其上部劈砸。

②左手向左拉棍，右手滑向棍把（圖5-27）；隨即身體右轉，帶動右腳向右後方退步；同時，左手滑動，向前劈棍，高與頭平。目視棍梢（圖5-28）。

【要點與用法】：

同上動。

③上動不停。身體左轉，左腳向左前方上步，右手後拉，左手前滑；右腳跟步，同時向前劈把。目視棍把（圖

圖 5-27

圖 5-28

第五章　瘋魔棍競賽規定套路

劈掛拳

5-29）。

【要點與用法】：

同前，惟不躲閃退步。

13. 舞花棍

① 上右步；同時右手滑把向下撥棍至左臂下，左手協同向前畫弧至胸前。目視前方（圖5-30）。

② 身體稍右轉；同時左手向下、向右後方撥棍，右手協同畫弧，使棍把至身前。目視前方（圖5-31）。

【要點】：

舞花時，要由慢而快。身體自然轉動，腕要鬆活，肘要屈，兩臂交替內旋、外旋。使棍貼身畫立圓。整個動作要協調、快速、連貫。

【用法】：

防止對方器械進身，快速地左、右撥掛。

圖5-29

圖5-30

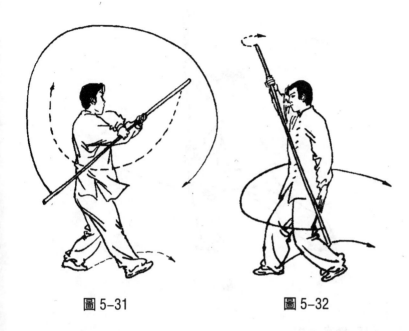

圖 5-31　　　　　　　　　圖 5-32

14. 攔腰格棍

①左腳上步，腳尖內扣，身體右後轉 180°；隨轉體撥棍，兩手分別向兩端滑把，右手至頭前上方，左手至左胯旁，棍身貼左肋。目視前方（圖 5-32）。

②上動不停。退右步，身體右轉成右弓步；同時，兩手握棍前推，立於胸前，棍尖朝下。目視左側（圖 5-33）。

【要點】：

上步轉身要迅速，與舞花的銜接要緊密，不能斷開。以轉身帶動推棍，要快速有力。

【用法】：

當對手向我橫擊來時，我邊進身邊將其格開。

圖 5-33

15. 轉身撲棍

① 上體左轉成左弓步；同時左手持棍，向上與右手舉棍架於頭上方。目視左前方（圖 5-34）。

② 上動不停。右腳向左前方上步，腳尖內扣，身體隨之左轉；同時兩手雲撥棍，隨即左手換握至把

圖 5-34

端。平視前方（圖5-
35、圖5-36）。

　　③ 左腳退步成仆
步；同時用力向下摔棍。
目視棍梢（圖5-37）。

　　【要點】：

　　撥棍要平，左手接棍
要準確，摔棍要有力。

　　【用法】：

　　當對方向我頭上劈來
時，即舉棍上架，而後迅
速向對手左側轉身，立劈
其頭或背部。

圖5-35

16.犀牛揚角（迎推刺）

　　重心稍起，右腳
先回收蓄勁，隨即向
右前方上步，左腳跟
步成雙弓步；同時上
體右轉，帶動兩手向
右上方推刺，右臂稍
屈，左手屈肘至右肘
下，頭藏於右臂內
側。目視棍梢（圖
5-38、圖5-39）。

　　【要點】：

　　上步、跟步要

圖5-36

劈掛拳

快，逢進必跟，動
作整合，推刺要有
力。

【用法】：

當對方向我右
側橫擊，或正面刺
來時，我順其器械
迎擊而進，擊其手
臂。

17. 老翁砍柴

身體向左擰轉
成馬步；同時帶動
兩手向胸前旋推，
使棍端畫弧向前平
砍，力達棍前端。
目視棍梢（圖5-
40）。

圖 5-37

圖 5-38

圖 5-39

圖 5-40

圖 5-41

【要點】：

身體要用力旋擰，以身帶臂，畫弧要小。

【用法】：

順對手器械畫進後，橫砍其後腦或前胸等部。

18. 犀牛揚角

與 15 的動作相同，惟行棍稍有弧度（圖 5-41）。

圖 5-42　　　　　　圖 5-43

19. 地府挖寶

① 重心後移，左腿伸直站立，右腳回撤成高虛步；同時左手上提至左耳側，右手下落至右胯前。目視棍梢（圖5-42）。

② 右手外旋，用力上托；左手屈腕，稍向下拉；上體稍後仰，使棍貼胸。目視棍梢（圖5-43）。

【要點】：

托棍時要使棍與胸靠緊，並借用挑腰的力量，幅度不宜大。

【用法】：

用棍端挑打對方的襠部等。

20. 扣壓下扎棍

含胸收腹，兩手協同向下旋壓，左手收於腰側，隨即向前下方刺出。目視棍梢（圖5-44、圖5-45）。

圖 5-44

圖 5-45

【要點】：

扣壓棍幅度要小，但棍要緊靠腹部，下刺要快。

【用法】：

旋壓對方來槍後，順勢刺札對方下盤。

圖 5-46

圖 5-47

21. 插步下札棍

① 右手握至把端，左手前伸換把，隨即左腳上步，右手回拉。目視棍梢（圖 5-46、圖 5-47）。

② 上動不停。右腳向左腳外側插步；同時重心下降，

圖 5-48

右手用力向左下方刺札。目視棍梢（圖 5-48）。

【要點】：

換把要靈巧，扎槍要有力，且動作幅度大，上下要協調一致。

【用法】：

對手刺我下盤，我用棍壓扣其槍，然後順勢向對手下盤扎槍。

22.左算棒

右腳向右邁步，上體右轉；隨轉身由左經上、向前劈棍，右手收於腹前。目視棍梢（圖5-49）。

圖 5-49

【要點與用法】：
同前。

23.左算棒

左腳上步，上體稍向左轉；同時，兩手持棍滑把，經上向前劈把，左手收於腹前。目視棍把（圖5-50）。

【要點與用法】：
同前。

24.勾踢下摟棍

右腿向前勾踢；同時，右手同下，左手向前，將棍把摟掛至身後，棍貼身體。目視前下方（圖5-51）。

【要點】：

勾踢與摟掛要同時完成，用力要猛，力點在棍把端。

【用法】：

當對手進身至我右前側時，我以右腳勾踢其下盤，同時用

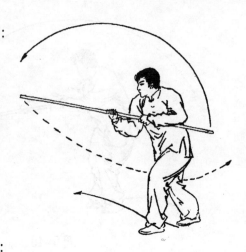

圖 5-50

圖 5-51

棍把向後摟其身
體，將其摔倒
等。

25. 挑把

右腳向前落
步成弓步；同
時，右手屈肘向
前上方挑把，左
手協同後拉至後
腰側。目視棍把
（圖5-52）。

圖5-52

【要點】：

挑把時用力要猛，力達把端。

【用法】：

對手後退躲閃，
我即進步挑把，擊其
中、上盤。

26. 舞花棍

① 右手向左腋
下，左手向體前畫弧
撥棍。目視棍梢（圖
5-53）。

② 上動不停。
左腳上步，腳尖內
扣，身體稍右轉；同
時左手向下、向後、

圖5-53

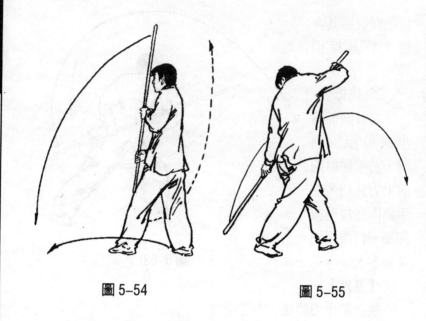

圖5-54　　　　　　　　圖5-55

向上撥棍，右手協同使棍立於體前，棍尖朝上。目視左側
（圖5-54）。

③上動不停。右腳向左插步，身體隨之右轉；同時右
手滑把提至右肩前；左手向左下壓，棍身斜貼左脅。目視棍
梢（圖5-55）。

④上動不
停。以兩腳掌為
軸，身體向右轉
180°成雙弓步；隨
轉身兩手向右撥棍
至左下方。目視棍
尖（圖5-56）。

圖5-56

【要點】：

舞花棍同前；轉身撥棍動作要快，棍貼身體，邊轉邊降重心，撥動有力。

【用法】：

迎擊身後之來敵。

27. 插步攬棍

① 右腳向左後方插步；同時使棍尖向上攬動。目視棍梢（圖 5-57）。

② 左腳向左開步，身體左轉；同時使棍尖向後、向上畫弧攬撥，棍身持平。目視棍梢（圖 5-58）。

③ 右腳向左腿外側插步；同時以腰帶棍，使棍尖向下、向後攬動（連做三次）。目視棍梢（圖 5-59）。

圖 5-58

圖 5-57

283

第五章　瘋魔棍競賽規定套路

④ 至左腳在前時，身體立起，成開步站立，將棍端至與肩平。目視棍梢（圖5-60）。

【要點】：

攪棍時棍身緊貼腰肋部，以轉腰帶動攪棍，幅度不宜過大，力點在棍前部；攪至最後一次時起身站直，托棍要快、要平。

圖 5-59

【用法】：

防開對方向我中、下盤的攻擊，順勢刺之。

圖 5-60

圖 5-61

28. 轉身平刺棍

上動不停。以左腳掌為軸，左腿提膝向左轉體 270°；同時左手鬆開，由下向上擺於頭上，右手用力平直刺出。目視棍梢（圖 5-61）。

【要點】：

轉身與刺棍要快速敏捷，同時完成，力達棍梢、臂稍內旋。

【用法】：

攪開對方器械後，立即刺其上盤（此係戚繼光《槍法論》中之單殺手，可出奇制勝，放長擊遠）。

29. 行步拖棍

右腳向前落步；將棍拖在身後，棍尖觸地，目視棍梢（圖 5-62）；隨即拖棍行步，左腳在前（圖 5-63）。

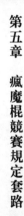

劈掛拳

圖 5-62

圖 5-63

【要點】：
行步要輕快、平穩，步數不宜太多。

【用法】：
誘敵深入，欲敗中取勝。

圖 5-64

圖 5-65

30. 轉身掄棍

①右腳上步；同時右手持棍向前平掄，左手在胸前接握棍。目視棍梢（圖 5-64）。

②棍不停。兩手上舉向身後平掄（圖 5-65）。

圖 5-66

③上動不停。以兩腳為軸，身體左轉 180°成左弓步；同時帶動兩手將棍繼續平掄一周。目視棍梢（圖5-66）。

④上動不停。右腳上步，腳尖內扣；同時上體繼續左轉，兩手持棍上舉再平掄一周；目視棍梢（圖5-67）。

【要點】：

以轉身帶動掄棍，動作連貫，平圓掄棍，棍勢要猛，「棍打一片」。

【用法】：

此法多用於四面受敵，或突然回身還擊，或掄棍追擊。

31. 馬步橫掃棍

上動不停。右手拉回腰間，同時左手滑把向左帶棍，使棍向左橫掃，棍身持平。目視棍梢（圖5-68）。

【要點】：

兩手要同時用力；左手滑把要快，掃棍要猛，力達棍前端。

圖 5-67

圖 5-68

【用法】：

橫擊右側敵之中盤。

32. 回身橫掃棍

① 上體右轉並稍後仰；同時將棍向右平掃，當棍尖至身體右側時，左手持棍上舉；目視棍梢（圖5-69）。

② 上動不停。身體繼續右轉，隨之左腳上步；同時左手向左擺棍，棍貼腰部，棍身橫平。目視右側（圖5-70）。

圖 5-69

③ 上動不停。上體右轉成馬步；同時以腰帶棍向前平掃，右手持棍收至腰側。目視棍梢（圖 5-71）。

【要點】：

動作幅度要大，力由腰發，掃棍有力，棍不離身。

【用法】：

對手向我上盤刺來，我速仰身擺棍撥掛對方器械，隨即上步橫擊。

圖 5-70

圖 5-71

33. 右劈把

左腳向左前方上
步，右腳跟步成雙弓
步；同時右手回拉，左
手向前滑把，隨即右手
由後向上、向前滑把劈
擊，左手回收於腰間。
目視棍把（圖 5-
72）。

【要點與用法】：
同前。

43. 舞花棍

① 左腳活步；同時左手後拉，右手稍向前滑把；目視
前方（圖 5-73）。

圖 5-72

②上動不停。右腳上步，左手向上、向前撥棍，右手向下、向後撥棍至左腋下。目視前方（圖5-74）。

③上動不停。上身稍向右轉，帶動左手向右下方撥棍，右手協同，使棍尖立圓畫弧。目視前方（圖5-75）。

圖5-73

④上動不停。左手向上，右手向下，使棍沿體側立圓畫弧，隨即左腳上

圖5-74　　　　　　　　　圖5-75

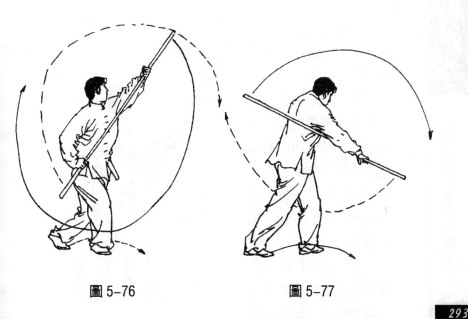

圖 5-76　　　　　　　　圖 5-77

步，左手向下收至右腋下，右手向上、向前蓋把。目視棍把
（圖 5-76、圖 5-77）。

　　【要點與用法】：

　　同前。

　　35.回身提撩棍

　　①上動不停。右腳
上步，腳尖內扣，身體左
轉；右手沿左腿外側向後
撥把；目視棍把（圖 5-
78）。

　　②上動不停。身體
繼續左轉；左手向下、向
前撥棍，右手向上、向後

圖 5-78

劈掛拳

帶棍，使棍尖由下向上挑起；目視前方（圖5-79）。

③上動不停。左手向右後方撥棍後，迅速換至把端；隨即右腳上步；同時左手上提，右手前托向前撩棍。目視棍梢（圖5-80、圖5-81）。

④上動不停。左手下拉至腹前，右手隨之向後撥棍，隨即左腳上步；同時右手壓棍，

圖 5-79

圖 5-80

圖 5-81

圖 5-82　　　　　　　　圖 5-83

左手向上提拉至胸前。目視前方（圖 5-82、圖 5-83）。

圖 5-84

⑤ 上動不停。身體右轉;隨轉體兩手持棍,沿左腿外側上撩。目視左側(圖 5-84)。

【要點】:

撩棍時腕要靈活,以腰帶臂,棍貼身體,立圓撩出。

【用法】:

用於追擊對手時,連續撩擊其正面。

36. 轉身扛棍

上動不停。身體繼續右轉180°,右腿向右後方撤步成弓步;同時兩手持棍向右掛動一周,置於右肩上成扛棍。目視左側(圖 5-85)。

【要點】:

轉身要快,落步要穩,掛棍要猛,力達前端。

圖 5-85　　　　　　　　　　圖 5-86

37. 翻身刺棍

　①右腳活步，身體立起；同時左手滑把上舉，右手向下收於腰際。目視左側（圖5-86）。

　②上體後仰，向左後方翻轉；同時左手向左後方撥棍，隨即右腳上步成弓步；同時將棍向前刺出。目視棍梢（圖5-87、圖5-88）。

圖 5-87

第五章　瘋魔棍競賽規定套路

劈掛拳

圖 5-88

【要點】：

翻身時要挑腰、展胸；棍貼身體成立圓撥棍；刺棍要直，棍臂一線，力達棍梢。

【用法】：

撥開對方器械後，繞步至對方身後，刺其後背。

38.仆步摔棍

① 右腳向前上步；左腳跟步，隨後右腳向左腳後方插步；同時左手持棍，沿體側逆時針方向畫弧挑棍。目視棍梢（圖 5-89、圖 5-90）。

② 上動不停。身體右轉，左腳向右扣步；同時左手滑把，在體側沿順時針方向畫

圖 5-89

圖 5-90　　　　　圖 5-91

弧掛棍後，兩手持棍上
舉。目視前方（圖 5-
91、圖 5-92）。

　　③ 重心後移，右腿
屈膝全蹲成仆步；同時兩
手用力向下摔棍（圖 5-
93）。

【要點】：

　　挑棍時上步要快，步
法要活，棍走立圓，身械
合一；扣步轉身，留腰蓄
勁，棍貼身體；摔棍有
力，力達前端。

圖 5-92

第五章　瘋魔棍競賽規定套路

劈掛拳

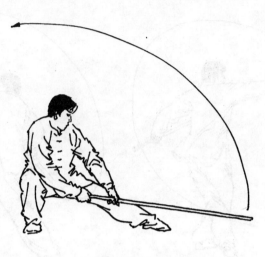

圖 5-93

【用法】：

格、掛開對方對我下盤、中盤的攻擊後，順勢劈其頭部。

39. 提撩棍

① 重心前移成左弓步；左手持棍上挑。目視前方（圖 5-94）。

② 棍不停。右腳上步，身體稍左轉；同時將棍由身後向前立圓撩至左後方（圖 5-95）。

③ 棍不停。左腳上步，身體右轉；同時將棍

圖 5-94

由後向前立圓撩至與胸同高。目視棍梢（圖5-96）。

【要點】：

手腕要活，握棍勿死；棍貼身體，立圓前撩；轉腰帶棍向前用力，力達前端。

【用法】：

當對方後退時，連續追擊撩打。

40. 轉身摔棍

① 右腳退步，身體右轉成左仆步；同時兩手持棍向上、向

圖 5-95

圖 5-96

劈掛拳

前,再沿體左側繞一立圓後,向下摔棍。目視棍梢(圖5-97、圖5-98)。

【要點】:

動作要快,以身帶棍,用力劈摔。

【用法】:

對方向我下盤刺來,我即轉身退步,掛其器械,而後迎頭劈之。

41.回身撥棍

重心稍起,身體左轉,兩手用力向左後方撥棍,目視棍梢(圖5-99)。

【要點】:

以腰發力,平行後撥,力達棍梢。

【用法】:

對方向我左側閃開,我即撥擊其中盤。

圖5-97

圖5-98

42. 前點棍

轉頭目視右側；右手向上提拉，棍斜貼左肋，隨即右腳併步；同時，左手向上托棍後滑把靠攏右手，兩手扣腕點棍。目視棍梢（圖5-100、圖5-101）。

【要點】：

幅度要大，左手邊托邊滑，點棍時要用力扣腕，力達棍梢。

【用法】：

點擊對方頭部、面部。

圖 5-99

圖 5-100

圖 5-101

第五章　瘋魔棍競賽規定套路

劈掛拳

圖 5-102

43. 左撥棍

左腳上步成弓步；同時右手向右拉棍，左手向左橫撥，棍身橫貼於腹前。目視前方（圖5-102）。

【要點】：

搶步要快，以腰帶棍，用力要猛；棍身緊貼腹部。

【用法】：

繼上動，對方向左躲閃，我即橫崩其中盤。

44. 歇步下挑棍

① 身體左轉；隨轉體向左後方撥棍。目視前方（圖5-103）。

② 右腳向右後方跳步，左腿

圖 5-103

圖 5-104

圖 5-105

提膝，隨之向右腿後面插步成歇步；同時，左手由後向前挑棍至與胸同高，右手後拉收於腰際。目視棍梢（圖 5-104、圖 5-105）。

【要點】：

以轉體帶動撥棍；跳步要小，靈活敏捷；挑棍時，右手先上提再回收，防止棍尖觸地；左手要邊滑邊挑，棍把緊靠腰部。

【用法】：

當對方連續向我腿部刺來時，我先轉體撥開一擊；隨後跳步射閃；同時挑其手臂或襠部。

45. 插步刺棍

① 右腳活步，隨即左腳向前上步；同時右手向後拉棍。目視左下方（圖 5-106、圖 5-

圖 5-106

圖 5-107

107）。

②右腳向左腿外側插步；同時，轉腰探肩，右手將棍向左前方平直刺出。目視棍梢（圖 5-108）。

【要點】：

刺棍前要將棍充分後拉；插步、轉腰、刺棍動作一致；刺棍要猛，力達棍梢。

【用法】：

當對方向我刺來時，我活步避開，隨即插步刺扎對方襠、腹部。

46. 轉身平掄棍

①身體右後轉180°，右腳向左後方活步；同時兩手持棍在頭上平掄一周。目

圖 5-108

圖 5-109

圖 5-110

劈掛拳

視前方（圖 5-109、圖 5-110、圖 5-111）。

　　② 上動不停。兩手持棍向左、向前平掄後右手屈肘於胸前，左手滑把前伸。目視棍梢（圖 5-112）。

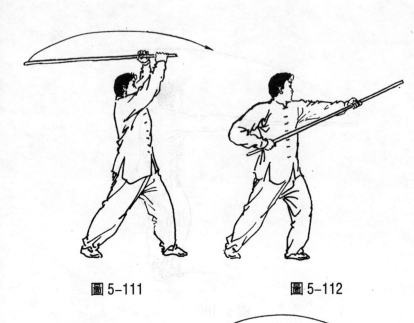

圖 5-111　　　　　　　圖 5-112

【要點】：

以轉體帶動掄棍，掄棍要平，速度要快，動作要狠。

【用法】：

當四面受敵時，用此法猛攻對手；亦可連續攻敵。

47. 戳把

上動不停。身體右轉，右腳向前活步；同時右手向右上方戳把，棍身斜貼於肋部。目視棍把（圖 5-113）。

圖 5-113

【要點】：

圖 5-114   圖 5-115

轉體、戳把協調一致，用力要猛，達於把端。

【用法】：

戳擊從背後進攻之敵。

48. 舞花棍

① 左手向上、向前經右腿外側向後撥棍，右手向裡邊滑把邊協同撥棍至左臂下。目視前方（圖 5-114、圖 5-115）。

② 左腳上步，腳尖內扣，上體稍右轉；同時左手向上，右手向下撥棍，使棍斜立於體前。目視左前方（圖 5-116）。

圖 5-116

劈掛拳

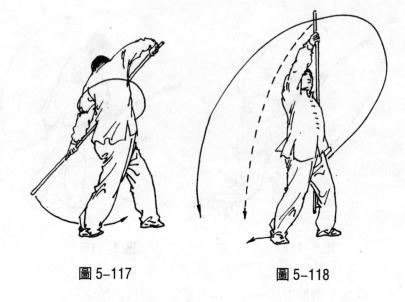

圖 5-117　　　　　　　　圖 5-118

【要點】：

同上。

49. 翻身摔棍

① 右腳向左腿後插步，身體稍後轉；同時右手滑把上提，左手下壓，使棍斜貼左肋。目視左後方（圖 5-117）。

② 以兩腳為軸，身體向右後方翻轉，隨即右腳向前上步成弓步；同時左手鬆開成掌，斜舉於身後，右手用力向前、向下摔棍。目視棍梢（圖 5-118、圖 5-119）。

【要點】：

轉身帶棍，下劈要狠。

【用法】：

當撥開對方兵器後，順勢翻身，立劈其頭。

圖 5-119

圖 5-120

劈掛拳

50. 拖棍

上動不停。向左轉身成左弓步，亦可向前行步；棍拖在身後（圖 5-120）。

【要點】：

回轉身要快，要有「敗」的意識。

【用法】：

引誘對方追擊，以「敗」中取勝。

51.斜挑棍

①以兩腳為軸，右轉身；左手迅速在右手前握棍（圖5-121）。

②左腳上步，兩手持棍，使棍梢向右擦地平擺。目視左側（圖5-122）。

③上動不停。左腳向左前方滑步；同時上體左轉，兩手用力向左前上方斜挑崩棍。目視棍梢（圖5-123）。

④右腳上步；回身向左後方劈（點）棍，棍梢觸地。目視棍梢（圖5-124）。

圖 5-121

圖 5-122

圖 5-123

圖 5-124

第五章　瘋魔棍競賽規定套路

劈掛拳

圖 5-125

⑤上動不停。兩腳向右前方滑步；同時上體右轉，兩手用力向右前上方斜挑崩棍。目視棍梢（圖 5-125）。

【要點】：

擦地擺棍要有力；轉身、滑步動作要快，以身帶臂，以臂帶棍，身棍合一，力達棍的前端。

【用法】：

突然回身反擊，撥打對方器械後順勢滑打、劈點或崩挑對方。

52. 戳把

右腳尖內扣，身體左轉；右手滑把上挑，棍把與胸同高。目視棍把（圖 5-126）。

【要點】：

轉體要猛，以腰發力，力達棍把。

【用法】：

當對方向我上盤打來時，我先用棍的前端將其掛開；同時用把戳挑其胸部。

53.退步崩棍

上動不停。退右步，身體右轉；同時右手滑向把端，屈肘拉至右肩前，左手用力向前，向上外旋上托崩棍，高不過頭。目視棍梢（圖5-127）。

圖 5-126

【要點】：

崩棍時右手拉，左手托，挑腰展胸，勁力合一，力達前端。

圖 5-127

劈掛拳

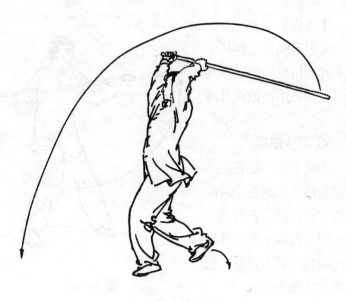

圖 5-128

【用法】：

對方向我上盤刺來，我即退步閃轉，同時用棍崩其手臂。

54. 仆步摔棍

① 上動不停。左手向左後方平撥棍成兩手舉棍；同時上體稍後仰。目視前方（圖5-128）。

② 棍不停。右腳稍後移，下蹲成仆步；同時兩手用力向前下方摔棍。目視棍梢（圖5-129）。

【要點】：

仆步與摔棍要一致，動作要快，摔劈要狠。

【用法】：

劈擊對方頭部。

圖 5-129

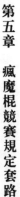

圖 5-130

55. 弓步直刺

右腿蹬地，左腿屈膝前頂成左弓步；同時將棍用力向前刺出。目視前方（圖 5-130）。

【要點】：

棍要直接刺出，不要回拉，棍身要平。

【用法】：

當劈到對方後再刺其胸、腹部。

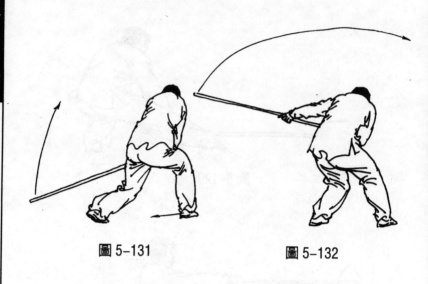

圖 5-131　　　　　　　圖 5-132

56. 撅棍（烏龍翻江）

①以兩腳為軸，身體右後轉成雙弓步；同時，兩手向右旋壓至左胯旁，使棍梢向右畫弧後點至地面。目視棍梢（圖5-131）。

②右腿向後滑步，撅臂；同時左手上抬，使棍梢向上撅挑。目視棍梢（圖5-132）。

【要點】：

合膝裹襠，用力上撅。

【用法】：

攪撥對方器械後掤挑其下盤或手臂。

圖 5-133

57. 舞花棍

① 身體立起並稍向右轉；同時兩手滑向棍的中部，左手向上、向前經右腿外側向後撥棍，右手協同向下、向上、向前撥棍。目視前方（圖5-133、圖5-134）。

② 上動不停。左腳上步；右手向下、向後上方提拉，左手協同向前、向下撥棍，使棍立於體前。目視左側（圖5-135）。

【要點與用法】：同前。

58. 單手撩提

① 左腳向前活步；同時左手向上畫弧撥棍至右肩前，右手協同畫弧前推。目視前方（圖5-136）。

② 右腿提膝；同時左手鬆開，右手持棍，單手向前提撩，左

圖5-134

圖5-135

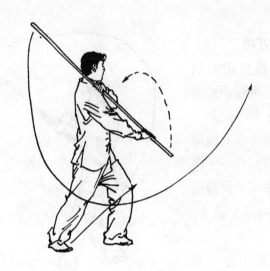

圖 5-136

圖 5-137

手在右手前接棍。目視前方（圖 5-137）。

【要點】：

整個動作要協調、連貫；左手換握要自然準確。

圖 5-138

59. 提膝托棍

右腳向後落步，隨即左腿提起；同時右手向後平拉，棍身橫於胸前。目視棍梢（圖 5-138）。

【要點】：

拉棍時先降低身體重心，經馬步再提右腿；站立要穩。

60. 收勢

左腳落步成併步站立；同時兩手持棍，橫貼於腹前。目視前方（圖 5-139）。

圖 5-139

劈掛拳

（附）瘋魔棍法歌

瘋魔棍法非尋常，托槍上陣顯金剛；

蛟龍出水向前刺，力劈華山威力強。

弓步扎槍埋伏勢，翻身撲打勢難當；

摘心挖眉斜點刺，歇步斜削走中堂。

大鍬揚土腰隨棍，走馬上任向前闖；

上步扎槍中平刺，老虎摵尾下崩槍。

撒步算棒分左右，回身路轉把身藏；

攔拿扎槍出奇勝，翻身蓋頂變化強。

抽帶踢撥窩心棍，上步舞花絞三槍；

青龍絞尾撥箭法，孤雁出群單殺槍。

倒拉金鞭埋伏勢，風卷殘雲見太陽；

曲折回旋攔腰棍，上步舞花撒神光。

轉身提撩單肩勢，翻身扎槍刺中央；

黑白鷂子陰陽併，撐轉劈砸走四方。

撥草尋蛇釣魚勢，太公執竿虎點槍；

橫槍勒馬雄且壯，歇步埋伏下戳槍。

原地瘋魔攔腰棍，轉身回旋分陰陽；

上步舞花撲地緊，危中求生神鬼亡。

左右撥劈加蛇棍，劈棍扎槍龍翻江；

轉身舞花針定海，瘋魔瑰寶棍中王。

第六章

苗刀競賽規定套路

一、苗刀簡介

苗刀是中華民族的寶貴文化遺產，是聞名中外的傳統刀技。它刀身修長，共五尺，兼有刀、槍兩種兵器之特點。且可單、雙手變換使用，臨陣殺敵，威力極大。

故中國歷史檔案館保存的重要歷史資料《苗刀考證》中這樣寫到：「苗刀用以衝峰陷陣，殺敵致果，遠勝單刀及其他短兵。迨明代戚繼光將軍，改鑄精絕。傳之於其部下，殺敵致果，斬將搴旗，賴以刀法，威震華夏。前中央國術館教授郭長生係劉教習（劉玉春秘授），故其技之玄奧，亦獨冠儕輩云。」

中國苗刀有一套完整的技法，它內涵豐富，結構嚴謹，刀法凌厲，技擊性強，具有很高的科學性、實戰性與鍛鍊價值。近代武術大師劉玉春及其徒中央國術館苗刀教授郭長生（郭燕子）對苗刀的繼承和發展做出了突出的貢獻。在苗刀中揉進了通臂拳先進步法和劈掛拳腰法以後，苗刀更顯勢法精粹，刀法雄健凌厲，步法疾速靈活多變，連擊性更為突出，實戰威力更大。

中央國術館館長張之江認為：苗刀是東方刀文化的一個重要組成部分，是中華民族的文化瑰寶，它既可當槍使，又可當刀用，單刀執柄，能放長擊遠，雙手握把便於發揮腰臂

力量，實戰威力無窮，故將苗刀列為中央國術館必修課之一。特聘滄州郭長生（郭燕子）為中央國術館一級教授。

歷史流傳下來的苗刀，多係一步一勢的基本刀法，不精熟者，便不能領悟其中奧秘。郭長生在中央國術館將一路苗刀之精華，揉進了劈掛拳的步法、腰法編創了二路苗刀。

現將二路苗刀編入《劈掛拳》一書內，作為劈掛拳系列套路之短兵器械套路，一定能得到廣大習練者之歡迎。

（一）苗刀的源流

苗刀，古稱單刀或長刀。因刀形是條形長刀和以雙手握刀為主，後世武藝家們為了區別一般的單手刀，習稱苗刀。

歷史上的苗刀，有勢，有法，而無名。明代天啟元年（1621年）新都程宗猷（字沖斗）為使這一珍品便於記憶，流傳久遠，便依勢，取象，撰其名，法其勢，著成了《單刀法選》，為後人留下了寶貴的武術史料。

清初，武藝家吳殳，對此刀又作了一番研究和整理，他以左右撩刀為基礎，吸收了「漁陽老人」劍法中「砍削黏杆」的要法，編寫了雙手刀《十八勢》和《單刀圖說》。

清末河北連鎮楊氏（其名不詳）於東北得此刀法，後傳桑園鎮謝晉汾（字海秋），謝又傳當時聞名南北的著名武術家劉玉春（河北獨流人），河北郭長生（字恩普）得劉玉春通臂、劈掛、苗刀的真傳。

苗刀原只有一路，郭長生集前人苗刀之精華，揉進了通臂二十四式的疾絞連環步，創編了二路苗刀，此外還創編了苗刀進槍等器械對練套路，使苗刀的技藝水平和實戰威力大大提高了一步。

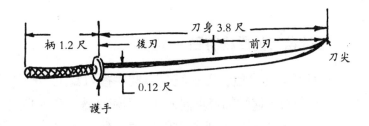

圖6-1

（二）苗刀的部位名稱、規格和基本握法

1. 苗刀的部位名稱（圖6-1）。

2. 苗刀的規格標準

苗刀全長5尺，刀身長3尺8寸，刀柄長1尺2寸，刀寬1寸2分，護手呈圓形或橢圓形。

3. 苗刀的基本握法

（1）抱刀：左手拇指和虎口壓住刀盤，食指和中指挾住刀柄，無名指和小指托住刀盤，刀背貼靠前臂（圖6-2）。

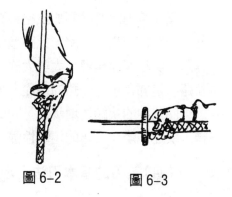

圖6-2　　　　　圖6-3

（2）握刀：

① 單手握刀：五指握刀柄，虎口靠護手，刀脊必須與虎口相對（圖6-3）。

圖6-4

② 雙手握刀：一手五指握刀柄的前部，虎口靠護手，另一手五指握柄的後部（圖6-4）。

（三）苗刀的風格特點

苗刀不同於一般花刀。它是以雙手握刀為主，勢法樸實，結構嚴密，運動起來身催刀往，刀隨腰轉，逢進必跟，逢跟必進，進退連環，動作剽悍雄健，勢如破竹。在攻防上，善於連續進攻，防中有攻，攻中有防，技法變化如明代武藝家程沖斗在《單刀法選》一書中所說：「其用法，左右跳躍，奇詐詭秘，人莫能測。故長技每每敗於刀。」可知苗刀的技法變化多端。

兩路苗刀除有共同的風格特點外，還具有各自獨特的風格。一路苗刀也叫原路，此路多係基本刀勢，是苗刀的基礎套路，勢法渾厚矯健，大劈大砍，一招一勢。二路苗刀也叫新路，是郭長生在一路的基礎上，將苗刀攻防用法揉進通臂二十四式中的疾絞連環步法，因此，動作大劈大砍，左右輾轉，疾速多變，攻防的連擊性強，運用自如。

（四）苗刀的基本刀法、步型和步法

1.刀法

苗刀的基本刀法有：劈、砍、撩、挑、截、推、刺、剁、點、崩、掛、格、削、戳、舞花等。

（1）**劈刀**：刀身由上猛然向下為劈，力達刀刃。劈刀有刀刃劈、刀背劈之分。

（2）**砍刀**：刀身由側面斜向前或左右砍下為砍。

（3）**撩刀**：刀身由下向上、向前方為撩，力達刀身前部。

（4）**挑刀**：刀背由下向上挑，力達刀尖。

（5）截刀：刀刃斜向上或斜向下為截，力達刀刃前部。

（6）推刀：刀刃朝前，刀尖朝上或下、或左或右，左手輔於刀背前部向前推進為推。

（7）刺刀：刀刃朝下、朝上或朝左，刀尖向前直扎，力達刀尖，臂與刀成一直線。平刺刀，刀尖高與肩平；上刺刀，刀尖高與頭平；下刺刀，刀尖高與膝平。

（8）剁刀：刀身與地面平行，由上垂直向下為剁，力達全刀刃。

（9）點刀：提腕，刀尖猛向下點，力達刀尖。

（10）崩刀：沉腕，刀尖猛向前上崩，力達刀尖。

（11）掛：刀尖朝下，由前向左或右、向後掛為掛，力達刀背前部。

（12）格刀：刀尖朝下或朝上，刀刃朝外，向左、右擺動格擋為格。

（13）削刀：刀刃由前向下或向左或右斜削為削，刀刃斜朝下。

（14）戳柄：刀柄直線向前或向左或右戳擊，力達柄端。

（15）舞花：以腕為軸，刀在臂兩側向前下貼身立圓繞環。

2. 步型

（1）歇步：兩腿交叉，屈膝全蹲。前腳全掌著地，腳尖外擺，後腳前掌著地，兩腿靠攏貼緊，臀部坐於後小腿接近腳跟處。

（2）虛步：兩腳前後開立，身體重心落於後腿，後腳

劈掛拳

尖外擺約 45°，屈膝半蹲，大腿接近水平，全腳著地；前腿微屈，腳背繃緊，腳尖稍內扣，腳前掌虛點地面；上體挺胸收腹。目視前方。

（3）弓步：兩腿前後開立，前腿屈膝，膝與腳尖垂直；後腿挺膝伸直，腳尖稍外展斜朝前方，全腳著地，上體正對前方。

（4）馬步：兩腳平行開立，距離比肩稍寬，身體重心落於兩腳之間，腳尖稍內扣，兩腿屈膝半蹲，大腿接近水平，膝不過腳尖，腳尖稍內扣；上體挺胸收腹，頂平項直；目視前方。

（5）插步：兩腿交叉，前腳腳尖外擺 45°，全腳著地，屈膝半蹲，大腿接近水平；另一腿挺膝伸直，前腳掌著地。

（6）併步：兩腿伸直併攏，全腳著地。

（7）前點步：兩腿伸直，一腳前出半步，以腳前掌虛點地面，上體挺直。

（8）後點步：兩腿伸直，一腳後撤半步，以腳尖虛點地面，上體稍前傾。

（9）獨立步：一腿屈膝支撐站立；另一腿屈膝提於體前。

3. 步法

（1）跳步：一腿蹬地，另一腿向前上擺動落地，隨即蹬地腿向前落地。

（2）疾絞連環步（拖拉步）：一足向前跨步，一足蹬地追隨，兩足間保持固定距離。

（3）上步：後腳向前上一步。

（4）退步（撤步）：前腳向後退一步。

（5）跟步：前腳向前上一步或半步，後腳隨即跟進。

（五）苗刀的技法要求

苗刀在演練和技擊時，要使刀法、步法、身法、眼法協調自然，緊密結合，渾然一體，須做到身催刀往，刀隨腰轉，眼隨刀勢。具體要求如下：

1. 刀法要求

（1）用刀的部位要分清。力點在刀尖，刀刃前端、中部，還是用刀背，要分清楚，切忌背、刃不分扇大拍。

（2）擊著點要準確。出刀要迅速、勁脆、準確。

（3）舞花要圓，速度要勻或由慢加快，忌忽慢忽快，充分發揮腰、胯、腿、足的力量。

（4）換柄要順靈、快速、自然。

（5）纏繞動作中頭要正，刀背要緊貼身體。

2. 步法要求

苗刀的步法是以疾絞連環步為主，運動中進步要求後腳發揮最大的蹬力，使前腳邁出越遠越好，後腳貼地向前滑行。落腳時，腳跟先著地，既輕靈又穩健，輕而不浮，沉而不重。動步時，兩足要敏捷，逢進必跟，逢跟必進，進退連環，疾速連貫。

3. 身法要求

身體的鬆活輕靈是由身軀來體現的，身軀是聯繫上下肢的紐帶。拳諺說「運動在梢，主宰在腰」。要使身軀靈活自如，貴在氣下沉，若氣沉不下去，必然上浮，充塞於胸，故上體不靈，兩足也不易穩固。因此練習時，要求氣下沉，含

胸拔背，收腹斂臀，以腰帶刀，身催刀往，蜿蜒蛇行。

4. 眼法

　　眼法是體現精神的重要環節，是攻防格鬥中取勝的先決因素。拳諺中有「拳似流星，眼似電，腰如磨盤，步賽黏」和「拳法之神，眼為先」的說法。然而在苗刀的演練時，卻要求觀前瞭後，左盼右顧，望遠視近，隨形隨勢。在技擊對抗時，不論是迎其擊而進擊，還是乘其隙而側入，都以眼為先鋒，以觀其體，察其意，識其機，測其變。

二、動作名稱

　　1. 預備勢

　　2. 虛步抱刀

　　3. 上步攔腰刀

　　4. 右獨立勢

　　5. 左獨立勢

　　6. 迎推刺刀勢

　　7. 拗步斜削刀勢

　　8. 迎推刺刀勢

　　9. 拗步斜削刀勢

　　10. 迎推刺刀勢

　　11. 上步右撩刀勢

　　12. 黃悶刀勢

　　13. 弓步推刀

　　14. 撥刀斜砍勢

　　15. 回身劈點刀勢

　　16. 單手後撩刀勢

17. 帶刀勢

18. 前刺刀勢

19. 歇步帶刀勢

20. 退步帶刀勢

21. 右撩點刀勢

22. 左撩點刀勢

23. 右撩點刀勢

24. 斜削刀勢

25. 轉身左撩刀勢

26. 右提撩刀勢

27. 跳砍刀勢

28. 翻身刺刀勢

29. 右撩劈刀勢

30. 左撩劈刀勢

31. 右撩劈刀勢

32. 回身左撩刀勢

33. 右撩刀勢

34. 轉身右撩刀勢

35. 朝天刀勢

36. 掛點刀勢

37. 右定膝刀勢

38. 左定膝刀勢

39. 低看刀勢

40. 上右步下掛刀勢

41. 圈刺刀勢（絞刀進）

42. 單刺刀勢

第六章　苗刀競賽規定套路

劈掛拳

43. 抱打劈刀勢

44. 左斜削刀勢

45. 右斜削刀勢

46. 滑拿一刀勢

47. 回身右撩刀勢

48. 劈剁進刀勢

49. 轉身攔腰刀勢

50. 收勢

三、動作說明

1. 預備勢

　　兩腳併步站立；左手以拇指和虎口壓住刀盤，食指和中指挾住刀柄，無名指和小指托住刀盤，左肘微屈，刀背貼靠左臂前，刀刃朝前，刀尖朝上，刀身垂於上體左側；右臂自然垂於身體右側。眼向前平視（圖6-5）。

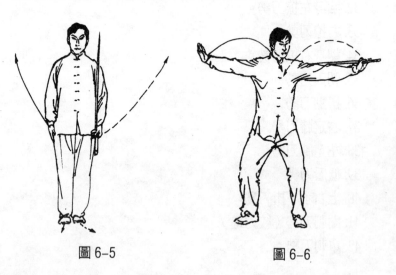

圖6-5　　　　　　　　　　圖6-6

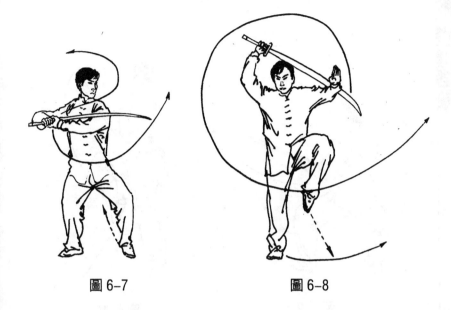

圖 6-7　　　　　　　　圖 6-8

2. 虛步抱刀

① 右腳向前上半步，左腳向前上一步，兩腿微屈；同時右掌向身體右側平舉，掌心斜朝右，指尖斜朝上；左手抱刀，直臂向上至身體左側成側平舉。目視左側（圖6-6）。

② 右腿屈膝半蹲，左腿屈膝，腳尖虛點地，成左虛步；同時兩手向上、向前屈肘畫弧環抱於右胸前，左手心朝上，右手心朝下，右手以虎口貼住刀柄。目視左前方（圖6-7）。

【要點】：

要收腹斂臀。

3. 上步攔腰刀

① 右手接刀，以刀背領先向左上方繞環，刀刃朝上，左臂向左外展，虎口朝右，掌心朝下；同時左腿屈膝上提，腳面繃直，腳尖向下。目視左前方（圖6-8）。

第六章　苗刀競賽規定套路

劈掛拳

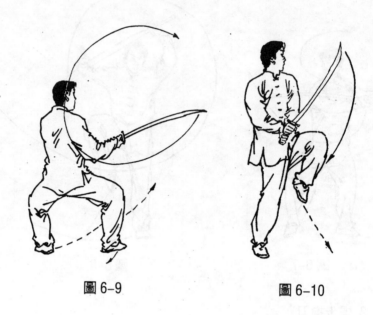

圖 6-9 圖 6-10

②左腳向左前側落地，身體左移並向左轉 180°，右腳向左上一步，兩腿屈膝下蹲成馬步；同時右手持刀，向右、向左、向前平砍，手心朝上，當右手持刀繞至右側時，左手接握刀柄後端，虎口向右。目視刀尖（圖6-9）。

【要點】：

橫砍刀時，身體重心落於兩腳之間，刀和腰的轉動要協調一致。

【用法】：

彼槍刺我右肩，我用刀向上掛開彼槍，隨即上步向彼的腰部橫砍一刀。

4.右獨立勢

身體右轉 180°，右腳向右後撤步，隨即左腿提膝，成右獨立勢；同時兩手持刀，向右、向上、向左下斜削。目視左

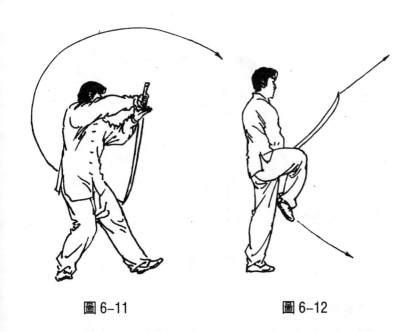

圖 6-11   圖 6-12

前方（圖 6-10）。

【要點】：

斜削時注意收腹下壓，掛刀和斜削動作要連貫、快速、有力，提膝要穩。

【用法】：

彼槍刺我左下盤，我將刀往左後攬開彼槍，進身斜削。

5. 左獨立勢

① 左腳向左前落地；兩手持刀，向下、向左攬刀，刀尖朝下，刀刃朝前。目視刀尖（圖 6-11）。

② 身體向左移，隨即右腿提膝，成左獨立勢；兩手持刀，繼續向後攬刀，順勢向前砍刀，刀刃斜朝下，刀尖斜朝上。目視右前方（圖 6-12）。

圖 6-13

【要點】：

攪刀和砍刀要連貫、快速，由右獨立變左獨立時，腰要隨刀勢擰轉，以增加攪刀力量。

【用法】：

彼槍刺我左中盤或下盤，我將刀往右攪開彼槍，再向彼的腰部橫砍。

6. 迎推刺刀勢

右腳向右前方上步弓腿，成右弓步，上體向右轉，身體前移；同時兩手持刀，向右前上方推刺，刀刃朝右，刀尖高於頭，上體稍前俯。目視刀尖（圖6-13）。

【要點】：

上步和推刺要協調一致，推刺時右臂內旋，左臂外旋。

【用法】：

彼槍向我正面刺來，我以刀推開彼槍，順勢進擊。

7. 拗步斜削刀勢

左腳向前上步，腳尖外展；同時兩手持刀，向左下方斜削至左膝外側，刀刃向左，刀尖朝左前下方；上體隨刀勢向左扭轉約 90°。目視刀尖（圖 6-14）。

圖 6-14

【要點】：

斜削要以腰帶刀。

【用法】：

彼槍向我中、下盤刺來，我順彼槍斜削其杆。

8. 迎推刺刀勢

動作與 6 迎推刺刀勢相同（圖 6-15）。

9. 拗步斜削刀勢

動作與 7 拗步斜削刀勢相同（圖 6-16）。

圖 6-15   圖 6-16

劈掛拳

圖 6-17

10. 迎推刺刀勢

動作與 6 迎推刺刀勢相同（圖 6-17）。

11. 上步右撩刀勢

① 身體微左轉，再向右轉，左腳向左前方上步；同時兩手持刀，向上、向右、向後拉刀於身體右側，刀刃朝下，刀尖朝後。目視刀尖（圖 6-18）。

圖 6-18

② 上體左轉約 180°，右腳向左前方上步，前腳掌點地，成高虛步；同時兩手持刀，向前上方撩刀，刀刃朝上，刀尖朝前。目視刀尖（圖 6-19）。

【要點】：

上下要一致，力在前刃。撩刀時，刀要貼身。

圖 6-19   圖 6-20

【用法】：

彼槍向我左側刺來，我上右步閃身，同時向彼的胸面部提撩。

12. 黃悶刀勢

右腳尖外擺，上體向右轉體 90°，兩腿屈膝下蹲，成歇步；同時右手持刀，向下按刀於體前，刀刃朝下，左手離柄，向下按於刀背上。目視前方（圖 6-20）。

【要點】：

下蹲與按刀要快速一致。

【用法】：

彼槍向我右下盤扎來，我活步向下按槍防守。

13. 弓步推力

左腳向前上步弓腿，成左弓步；同時右手提刀，左手附於刀背前部，兩手一齊將刀向前推出，刀尖斜朝左下方，刀

圖 6-21   圖 6-22

刃朝前。目視前方（圖 6-21）。

【要點】：

重心隨推刀向前移，上步與推刀要協調一致，力點達刀刃。

【用法】：

緊接上動用法，順彼槍杆向前推進，以削彼前手。

14. 撥刀斜砍勢

① 左手向左、向上撥刀，右手向下帶柄，使刀在頭上，由左向後、向右撥動；身體隨勢後移。目視刀刃（圖6-22）。

② 左手向右、向前推撥刀背，右手持刀，以刀刃領先向下、向右、向上拉刀；上體含胸，隨之後移（圖6-23）。

③ 左手向左推撥刀背，右手持刀，向左下繞行，至刀柄於頭的右上方，刀尖朝下，刀刃朝右；同時左腳向後撤

圖 6-23

圖 6-24　　　　　　圖 6-25

劈掛拳

步。目視刀尖（圖6-24）。

　④右手持刀向上、向前，左手向右、向前上方推撥刀
背；同時左腳向前上步。目視刀尖（圖6-25）。

⑤右手持刀，向後繞行，左手向左、向後推撥刀背。目視前方（圖6-26）。

⑥左手接握柄端，兩手持刀，向左前砍刀，刀尖高於肩；同時左腿屈膝前弓，右腿後蹬。目視刀尖（圖6-27）。

【要點】：

整個動作要快速連貫，上下一致。撥刀動作要圓活，刀要貼身。

【用法】：

此刀勢意在防守中進擊對方。

圖6-26

圖6-27

圖 6-28　　　　　　　　　　　圖 6-29

15. 回身劈點刀勢

身體向右轉體約 90°，重心移至左腳；兩手持刀，向上、向右下劈點，力點在刀背前部和刀尖，刀背朝下，刀尖斜朝下。目視刀尖（圖6-28）。

【要點】：

劈點刀要從腰發力，力達刀的前端。

【用法】：

此乃危中求生之技，出其不意用刀背和刀尖劈點身後的進攻者。

16. 單手後撩刀勢

①上體向右轉體約 90°，身體向右移；左手向上推柄，使刀向身體右側下掛（圖6-29）。

②左手繼續撥動刀的柄端；右手持刀，向後、向上繞

行（圖6-30）。

③左腿提膝；左手離柄向左側前伸，右手持刀，向下、向後直臂撩刀，刀與肩平，刀尖朝上。目視刀尖（圖6-31）。

【要點】：

上下要一致，右手腕要靈活，使刀貼身畫圓。後撩刀時要有力，力達前刃。兩臂與刀成一直線，上體微前傾。

【用法】：

此為敗中取勝之技，我走彼欲

圖6-30

圖6-31

追，我轉體反手撩
刀。

17. 帶刀勢

左腳向左側落
地，兩腿屈膝下
蹲，成馬步；同時
右手持刀回帶，左
手接握刀柄後端，
刀與地面平行，刀
刃朝前，刀尖朝
後。目視刀尖（圖
6-32、圖 6-32 附
圖）。

圖 6-32

【要點】：

刀要隨身體下
降，意在壓帶彼方
槍杆。

18. 前刺刀勢

左腿蹬地，身
體前移，成右弓
步；同時兩手持
刀，向前平刺，刀

圖 6-32 附圖

刃朝下，力達刀尖。目視前方（圖6-33）。

【要點】：

前刺時要以身催刀，快速有力，力達刀尖，臂與刀成一
直線。

圖6-33

19.歇步帶刀勢

身體向右轉體90°，兩腿屈膝下蹲，成歇步；同時兩手持刀，用力向回抽帶，使刀柄回收至身前，刀刃向下。目視左前方（圖6-34）。

【要點】：

轉體要快，屈膝下蹲與向後帶刀要協調一致。

【用法】：

彼用槍向我下部刺來，我即用此法撥開來槍，然後，上左腳進擊對方。

20.退步帶刀勢

右腳向後退步，

圖6-34

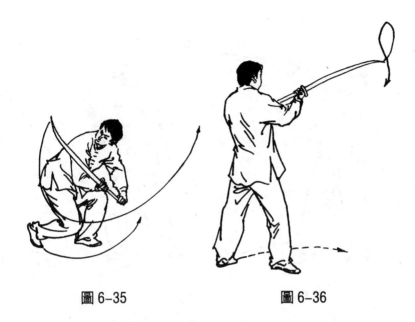

圖 6-35 圖 6-36

屈膝下蹲，上體稍前傾；同時兩手持刀，向上、向下、向左帶刀，刀尖向上，刀刃朝下。目視前方（圖6-35）。

21. 右撩點刀勢

① 左腿蹬直，右腳上步，以前腳掌著地，成高虛步；同時，兩手持刀，用力向左前上方撩刀，刀刃朝上。目視前方（圖6-36）。

② 身體向右轉，右腳跟著地，左腳上步，前腳掌點地；同時兩手持刀（右手貼刀柄下移至柄端；左手貼刀柄上移，虎口靠護手盤），向前、向上提腕，刀尖猛向前下點擊，力達刀尖。目視刀尖（圖6-37）。

【要點】：

撩刀時，刀要貼身，力點在刀尖和前刃。撩刀和點刀要連貫、快速、有力。點刀時身體要上提，以增刀力。

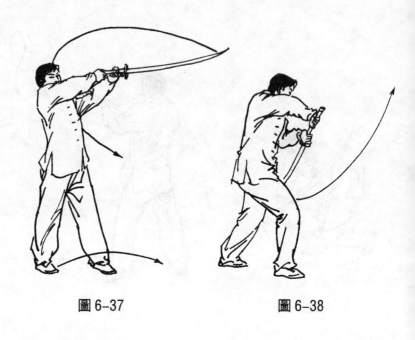

圖6-37　　　　　　　　　　圖6-38

【用法】：

彼槍從正面刺我上部，我側身撩刀，彼後撤，我上步點刀劈面。

22.左撩點刀勢

①右腳向右前方上步弓腿，同時身體向左轉；兩手持刀，向上、向後、向下畫弧至體前，刀尖斜朝下，刀刃斜朝前下。目視刀刃（圖6-38）。

②兩手持刀，屈臂用力向上提拉，向前撩刀，刀刃朝上，刀尖朝前。目視刀刃（圖6-39）。

③身體稍左轉，兩手持刀（右臂外旋貼柄上移，虎口靠護手盤；左臂內旋，貼柄下移至柄端），向左前伸臂壓腕點刀，力達刀尖；身體重心上提，左腳跟提起。目視刀尖（圖6-40）。

圖 6-39

圖 6-40

第六章　苗刀競賽規定套路

劈掛拳

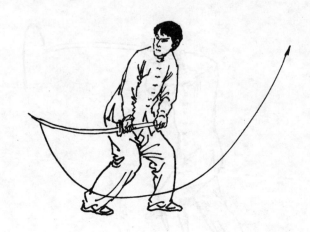

圖 6-41

【要點】：

兩手持刀，用力向上提拉，刀要貼近身體，力點在刀尖和前刃。撩刀、點刀要快速連貫，上下一致。

23. 右撩點刀勢

① 身體向右轉並向前移，左腳向左前上步；同時兩手持刀，向上、向後掛刀。目視刀刃（圖6-41）。

② 圖6-42、圖6-43的動作與21右撩點刀勢相同，惟方向向右斜前方。

24. 斜削刀勢

左腳向左側跨出半

圖 6-42

步，右腳隨即向左腿後插步；同時兩手持刀，用力向左前下方斜削，刀尖與膝同高，刀刃朝左。目視刀尖（圖6-44）。

【要點】：

步法與斜削刀勢要連貫一致，力點在前刃。

【用法】：

彼槍刺我左腿，我撤步用力斜削彼的下盤。

25. 轉身左撩刀勢

① 身體向右轉體約180°，右腳向前上步，隨即左腳跟進半

圖6-43

圖6-44

步；兩手持刀，屈臂
向右帶刀，刀刃朝
下。目視刀身（圖
6-45）。

②左腿用力蹬
地，右腳再向前上一
步，左腳繼續跟進半
步；同時兩手持刀，
向胸前上方用力提
拉，向右前上方撩
刀，刀刃朝上，刀尖
稍高於頭。目視刀尖
（圖6-46）。

圖6-45

【要點】：

撩刀時，刀要貼
身，刀、腰協調一
致，力點在前刃。

【用法】：

彼槍刺我右肩，
我轉體閃開彼槍，隨
即向彼的胸面部斜
撩。

26. 右提撩刀勢

①左腳向前上
步，隨即右腳跟進半

圖6-46

步；兩手持刀，以刀刃領先向上、向右後繞行至身體右斜後

圖 6-47

方，刀刃朝下。目視刀尖（圖6-47）。

　　② 右腳用力蹬地，左腳向前上步，右腳繼續跟進一步；同時兩手持刀，屈臂向左前方撩刀，刀刃朝上，刀尖高於頭。目視刀尖（圖6-48）。

　　【要點】：

　　撩刀時，刀要貼身，刀、腰要協調一致，力點在刀前刃。

　　【用法】：

　　彼槍刺我左肩，我側身閃開彼槍，隨即向彼的胸面部斜撩。

　　27.跳砍刀勢

　　① 右腳向前上步，身體略向右轉；同時左手向上推撥柄端，使刀背領先向下畫弧，

圖 6-48

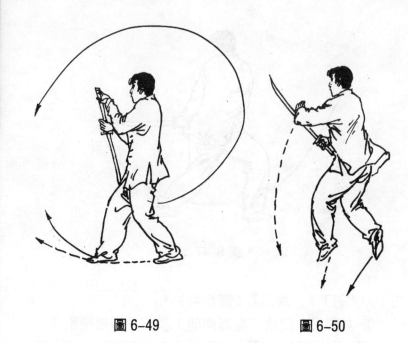

圖 6-49   圖 6-50

兩腿微屈。目視前方（圖6-49）。

②右腿用力蹬地，左腳向前、向上擺起，身體騰空；同時右手持刀，向後、向上繞行，刀刃朝前，刀尖朝上，左手附於刀背上。目視前方（圖6-50）。

③左腳先落地，右腳向左腳後插步，兩腿屈膝下蹲，成歇步；同時兩手向下按刀，左手按於刀背上，上體前俯，刀刃朝下，刀尖朝前。目視前方（圖6-51）。

【要點】：

上述分解動作都是在空中

圖 6-51

圖 6-52　　　　　　　　圖 6-53

完成的，所以，要求快速連貫，上下要協調一致，落地成歇步要穩。

28. 翻身刺刀勢

①兩腿站起，微屈；左手接握刀柄，兩手持刀，屈臂上提於胸前；同時上體向右翻轉，頭向後仰，刀刃朝左。目視刀尖（圖 6-52）。

②身體繼續向右翻轉，至刀刃朝上，刀與地面平行。目視刀尖（圖 6-53）。

③身體繼續向右翻轉約 180°，右腳尖外擺，左腳跟提起，兩腿微屈。目視刀尖（圖 6-54）。

④身體前移，右腿屈膝半蹲，左腿後蹬挺直；兩手持刀，向前直刺，刀刃朝下。目視刀尖（圖 6-55）。

【要點】：

翻轉時，頭要後仰，抱刀翻轉要迅速，刀要貼身。刺刀時，刀、臂要成一線。

圖 6-54

圖 6-55

29. 右撩劈刀勢

① 身體向左轉體 180°，左腳外擺，右腳向左腳跟進半步，兩膝微屈；同時兩手持刀，向左帶刀至身體右側，刀刃朝下。目視刀身（圖 6-56）。

圖 6-56

圖 6-57

②身體繼續左
轉約90°，隨轉體右
腳上步，前腳掌著
地，成右虛步；兩手
持刀，向左前上方撩
刀，刀刃朝上。目視
刀尖（圖6-57）。

③身體迅速向
右轉體約90°，右腳
向右上步；同時兩手
持刀，用刀背向右斜
劈，刀背朝右。目視
刀尖（圖6-58）。

圖 6-58

劈掛拳

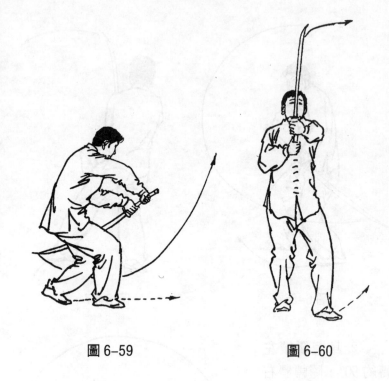

圖 6-59　　　　　　　　圖 6-60

【要點】：

撩刀與上步要一致。向右劈刀，要以腰帶臂，力達刀背前端。

【用法】：

彼槍向我左肩或背、胯部刺來，我上右步側身撩刀，彼向右閃躲，我即用刀背劈面。

30.左撩劈刀勢

①身體稍左轉，兩手持刀（右手貼柄下移；左手貼柄上移，虎口靠護手盤），向上、向後、向下繞環至身體左側，刀刃朝下。目視刀尖（圖6-59）。

②兩手持刀，屈肘用力向上提拉，向前、向右上方斜

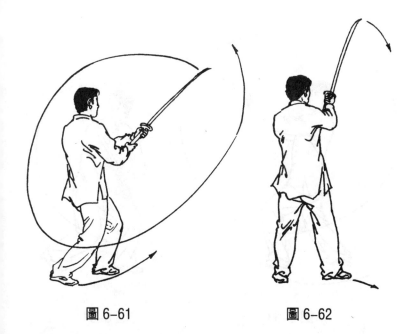

| 圖 6-61 | 圖 6-62 |

撩刀，刀刃朝上，刀尖高過頭；同時左腳向前上步，前腳掌著地，成左虛步。目視刀尖（圖 6-60）。

③ 身體速向左轉身，左腳向左上步；同時兩手持刀，用刀背向左斜劈，刀刃朝右。目視刀尖（圖 6-61）。

【要點】：

撩刀與上步要一致。劈刀時，以腰帶臂，以臂帶刀，力達刀背前端。

【用法】：

與右撩劈刀相同，惟方向相反。

31. 右撩劈刀勢

動作與 29 右撩劈刀勢②、③相同（圖 6-62、圖 6-63）。

圖 6-63　　　　　　　圖 6-64

32. 回身左撩刀勢

①右腳向後撤步，左腳向左扣腳，身體向右轉體約90°；同時左手向前撥柄，隨即反手握柄端，右手持刀向下、向右、向上沿體側繞環一周（與地面成立圓）至身體左側，刀尖朝上，刀刃朝後。目視左下方（圖6-64）。

②上體向右扭轉；兩手持刀，用力向前上方提拉至身體左側，刀尖朝下，刀刃朝前。目視刀身（圖6-65）。

③兩手持刀，向右上方撩刀，刀與地面平行，刀刃朝上，刀尖朝前。目視前方（圖6-66）。

【要點】：

撤步轉身要快速，上下協調一致。撩刀時，要以腰帶刀。

【用法】：

彼槍從後刺我中、下盤，我撤步轉身向彼的前把或下盤撩擊。

33. 右撩刀勢

① 左腳向左前上步，膝微屈；同時兩手持刀，沿身體右側向後、向

圖 6-65

下繞行到右胯側，刀刃朝下，刀尖朝後。目視刀尖（圖6-67）。

② 身體向左扭轉；兩手持刀，用力向左前上方提拉撩

圖 6-66

圖 6-67

刀,刀刃朝上,刀尖稍高於頭,同時右腳跟進半步。目視刀尖（圖6-68）。

【要點】：

撩刀時,兩手持刀用力向上提拉,身體要隨刀勢向前移,以增加刀力。

34. 轉身右撩刀勢

① 兩手持刀,屈臂向下收抱於胸前,刀刃朝後,刀尖朝上;同時右腳向左前上步。目視刀尖（圖6-69）。

圖 6-68

② 身體向左轉約90°,右腳尖向左擺,左腳向後撤步,兩膝微屈;同時兩手持刀,向上、向左伸臂劈刀,刀刃朝下,刀尖高於頭。目視刀尖（圖6-70）。

圖 6-69

圖 6-70

第六章　苗刀競賽規定套路

劈掛拳

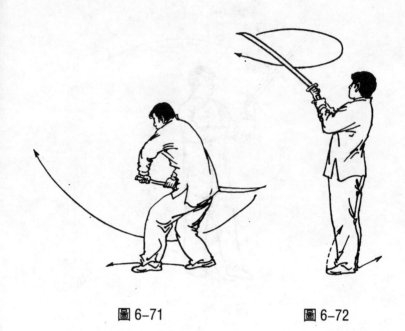

圖 6–71　　　　　　　　　圖 6–72

③身體向左轉體約 180°；兩手持刀，向下、向後、向上、向下繞行至右胯側，刀刃朝下，刀尖朝後下方；左腳尖外擺，右腳尖內扣，膝微屈。目視刀尖（圖 6–71）。

④兩手持刀，向前上撩刀，刀刃朝上，刀尖高於頭；右腳上步與左腳併攏。目視刀尖（圖 6–72）。

【要點】：

轉身和退左步與刀的動作要協調一致，連貫圓活。

35. 朝天刀勢

右腳向右跨一步，隨即提左膝，身體向右轉；同時，兩手持刀，向右、向後、向左繞環一周，再向右上方斜削刀，刀尖朝右斜前方，刀刃朝右。目視刀尖（圖 6–73）。

【要點】：

持刀環繞時，兩臂要合緊，收腹含胸，勁由腰發，用力

圖 6-73　　　　　　　　圖 6-74

快速，上下體協調一致。

【用法】：

若彼槍向我肩部刺來，我提膝攬開彼槍，順勢向彼的面部砍殺，彼如退步，我便上步迎推刺。

36. 掛點刀勢

①上體向左扭轉；兩手持刀，以刀背領先向前、向左掛刀至身體左側，刀刃朝前，刀尖朝下。目視刀尖（圖 6-74）。

②左腳落地於右腳側，兩腳成併步，屈膝；同時兩手持刀，繼續向後、向上、向前繞行至胸前，刀刃朝前，刀尖朝上。目視前方（圖 6-75）。

③兩手持刀向上，提腕，向前點刀，力達刀尖，刀刃朝下，柄端略高於頭；同時右腿提膝，左腳跟提起。目視刀

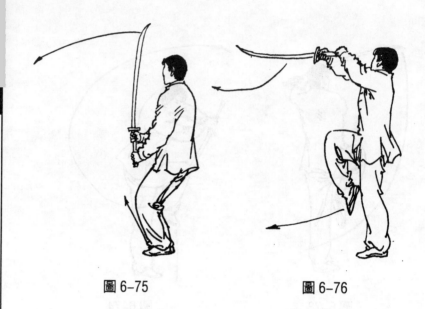

圖 6–75　　　　　　　　圖 6–76

尖（圖 6–76）。

【要點】：

掛刀時，上體順刀勢微向前傾，並要提膝、含胸。點刀時要提腕，含胸，身體上提，以增加刀力。

【用法】：

彼槍向我左肩或胯刺來，我用刀背掛開彼槍，順勢向彼的面部點擊。

37. 右定膝刀勢

右腳向右前方落步，屈膝前弓，成右弓步；兩手持刀，向下、向右前方推刀，刀刃斜朝下，刀尖斜朝上，高於頭。目視刀尖（圖 6–77）。

【要點】：

持刀要牢固、有力。推刀時，身體隨刀勢前移，兩臂伸直，力達刀刃。

圖 6-77   圖 6-78

【用法】：

彼槍向我下盤扎來，我上步用力推開，隨即可用點刀或劈刀進擊彼。

38.左定膝刀勢

① 身體向左轉約 90°，左腳向左前方上步；同時兩手持刀，向腹前回拉，刀刃朝前，刀尖向上。目視前方（圖 6-78）。

圖 6-79

② 左腿屈膝成弓，右腿後蹬，成左弓步；兩手持刀，向左前方推刀，刀尖斜朝前，刀刃斜朝下。目視刀尖（圖 6-79）。

劈掛拳

圖 6-80　　　　　　　　　圖 6-81

【要點與用法】：

與 37 右定膝刀勢相同。

39. 低看刀勢

右腳上步，腳尖點地，成右虛步；同時兩手持刀微上提，隨即以刀背用力向下壓刀，刀刃斜朝左，刀尖朝右下。目視刀尖（圖 6-80）。

【要點】：

上下要一致，壓刀要有力。

【用法】：

彼槍向我右側刺來，我上右腳用刀格開彼槍，隨即可用削刀勢或絞刀進擊。

40. 上右步下掛刀勢

① 右腳尖外擺，身體前移；同時左手向前上方推柄，右手持刀，以刀背領先，快速向身體右側下掛，刀刃朝前，刀尖向下。目視前方（圖 6-81）。

② 兩手持刀，向後、向上掛刀，刀刃朝右前上方，刀

圖 6-82　　　　　　　　圖 6-83

尖朝後。目視前方（圖6-82）。

【要點】：

掛刀時，右手拇指和食指緊握刀柄，頂住刀盤，其他手指鬆握。掛刀要貼身，快速有力。

【用法】：

彼槍刺我左肩，我用力掛開彼槍，隨即可用刺或其他擊法進擊。

41. 圈刺刀勢（絞刀進）

① 左腳上步，右腳尖外擺，兩膝微屈；同時右手持刀，屈臂向右用力拉刀，左手用力向後推撥柄端，隨即按於刀背上，刀刃朝前，刀背貼胸，刀尖朝左。目視刀尖（圖6-83）。

② 身體後移，左腳上步，右腳跟步；同時右手持刀，左手握刀背，向左、向前圈刀後拉，刀與地面成水平。目視前方（圖6-84）。

劈掛拳

③左腳後撤，再向前上步弓腿，右腳後蹬，身體前移，成左弓步；同時兩手持刀，向前刺刀，刀刃朝前，刀尖向左，力點在刀尖，刀與地面水平，左臂伸直，右臂屈肘於胸前。目視刀尖（圖6-85）。

圖6-84

【要點】：

圈絞要圓活、自然，上下協調一致。身體要隨刀勢。

【用法】：

彼槍刺我，我絞掛開彼槍，同時上步刺殺彼。左手握刀背為長兵短用。絞掛同時進步攻擊，為短兵長用。

圖6-85

42. 單刺刀勢

①身體後移，左腳向後撤步；兩手持刀，向後、向上、向前圈刀，刀刃朝前，刀尖朝左。目視刀尖（圖6-86、圖6-86附圖）。

②兩手持刀，向下、向後拉刀至刀背橫於腰間，刀刃

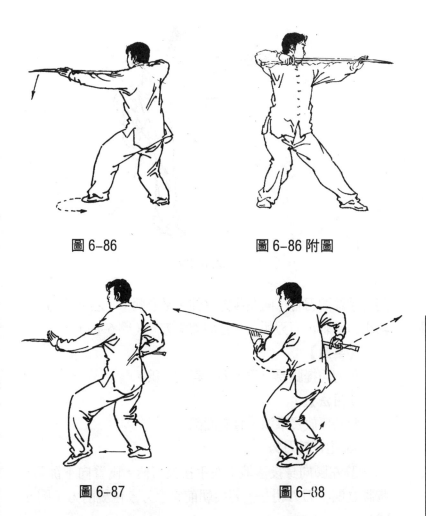

圖 6-86

圖 6-86 附圖

圖 6-87

圖 6-88

朝前，隨刀勢身體前移，再後移；左腳向前上步再向後撤步，兩腿微屈，上體正直。目視前方（圖6-87）。

　　③身體前移，右腳向前上步，腳尖著地，上體稍前傾。目視前方（圖6-88）。

　　④上體向左轉體90°，右腳跟著地，隨即左腳提膝；同

圖 6-89

時左手離開刀背，向左後方平伸，掌心朝下，右手持刀，向前用力平刺，刀刃朝右。目視刀尖方向（圖6-89）。

【要點】：

刺刀與提膝要一致，刀、臂成一線。

【用法】：

此勢係放長擊遠，直刺面部。

43. 抱打劈刀勢

① 左腳向身後落地；左手接握刀柄，兩臂向下沉落至胸腹之間，刀刃朝左，刀尖朝前斜上方。目視前方（圖6-90）。

② 以左腳為軸，身體向左轉180°，右腳貼地向左畫圓至左腳前；同時右手扣腕，兩手屈臂抱刀向左橫格，刀尖朝上，刀背朝前，刀與地面垂直。目視前方（圖6-91）。

③ 兩手持刀，向下反劈（刀背），刀刃朝上，刀尖斜朝上；右腳上步弓腿，左腳跟步，腳尖著地。目視前方（圖

6-92）。

【要點】：

轉體時，懷抱的
刀與地面垂直，用刀
背反劈時，身體要前
移並向下坐腰，以增
加刀背向下劈的力
量。

【用法】：

彼用槍從背後向
我扎來，我猛轉體用
力撥開彼槍，順勢用
刀背下劈彼的頭部。

圖 6-90

劈掛拳

圖 6-91

圖 6-92

44. 左斜削刀勢

右腳向前上半步，腳尖外擺，左腳（擦地）跟步，兩腿屈膝下蹲；同時兩手持刀，向後、向左繞行，再向右下斜削，刀刃斜朝下，刀尖朝右斜上方；上體隨刀勢向右扭轉。目視刀尖（圖6-93）。

【要點】：

繞刀要快速，斜削要有力，上體要向右扭轉，以增加刀力。

【用法】：

彼向我右腿刺來，我即上步閃開，向彼的腰部或腿部斜削。

圖 6-93

45. 右斜削刀勢

① 右腳向前上半步，左腳向前（擦地）跟進，腳尖著地；同時兩手持刀，向左、向右繞行至右上方，刀刃斜朝上，刀尖斜朝後。目視刀尖（圖6-94）。

圖 6-94

② 身體向左轉，重心下降；兩手持刀，向左下斜削刀，刀尖與胸平；左腳跟著地。目視刀尖（圖6-95）。

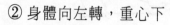

圖 6-95　　　　　　　圖 6-96

【要點】：

用法與 44 左斜削刀勢相同，惟方向相反。

46. 滑拿一刀勢

① 身體後移並向右轉，左腿屈膝半蹲，右腳虛著地；兩手持刀，用力向下、向上掛刀，隨即左手壓柄，使刀刃朝前，刀尖朝上。目視前方（圖 6-96）。

圖 6-97

② 身體前移，右腳用力蹬地，左膝上提，身體騰空；同時兩手持刀，向後掛刀，刀刃朝前，刀尖向上。目視前方（圖 6-97）。

劈掛拳

圖 6-98

③右腳向前落地，左腳向後上撩，上體向前傾；兩手持刀，向前劈刺，力點在刀尖和前刃。目視前方（圖6-98）。

【要點】：

右腳用力蹬地，上體配合提

圖 6-99

氣，落地動作要輕而穩健，劈刺時刀、臂要成一線。

【用法】：

彼槍向我面部刺來，我縱跳用力掛開彼槍，隨即向前劈刺。

47. 回身右撩刀勢

① 左腳落於右腳後，屈膝，腳尖著地，右腿前弓，上體微前傾；兩手持刀，向後帶刀置於胸前，刀刃朝前，刀尖在前上方，高於頭。目視刀尖前方（圖6-99）。

② 身體後移，以左腳為軸，向左轉體180°，右腳上步，腳尖著地，成右虛步；同時兩手持刀，向下、向前、向上撩刀，刀背朝前，刀尖朝上。目視前方（圖6-100）。

【要點】：

撩刀時，力點在前刃；撩刀和轉體上步要協調一致，快速有力。

圖6-100

【用法】：

彼槍從後向我背部刺來，我回身撩刀，彼退步，我隨即可用滑拿一刀進擊彼的上盤。

48. 劈剁進刀勢

① 右腳向前上半步，左腳跟步，兩腿屈膝半蹲；兩手持刀，向前下劈剁，刀刃朝上，刀尖朝前。目視前方（圖6-101）。

圖6-101

劈掛拳

圖6-102

圖6-103

②兩手持刀，向上、向後挑，刀刃朝前，刀尖向上；上體微後仰，左腳跟落地，右腳跟提起。目視前方（圖6-102）。

③右腳上步，左腳跟步（擦地）；同時兩手持刀，向前下猛劈，力點在刀身前部，刀刃朝下，刀尖朝前。目視前方。（圖6-103）。

④兩手持刀，向上、向後挑刀，屈臂抱刀於胸前，刀背朝前，刀尖朝上。目視前方（圖6-104）。

⑤圖6-105動作與此動（1）動作相同。

⑥圖6-106動作與此動（2）動作相同。

⑦圖6-107動作與此動（3）動作相同。

【要點】：

上步、跟進與劈刀要快速連貫。劈刀時含胸拔背，重心

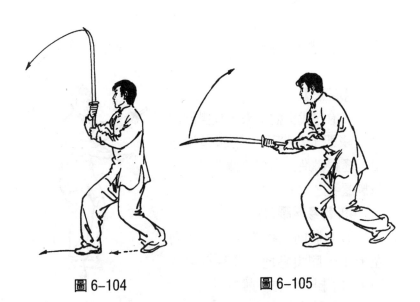

圖 6-104　　　　　　　圖 6-105

圖 6-106

圖 6-107

劈掛拳

下沉、坐腰，以增大刀的下劈力量。

【用法】：

彼槍向我上盤刺來，我掛開彼槍，隨即上步劈面。兩腳逢進必跟，逢跟必進，向彼連續進擊，使彼無還手之力。

49. 轉身攔腰刀勢

① 身體向左轉體 90°，左腳向左上步，腳尖點地；同時右手持刀，向下掛刀，左手離柄屈肘於右肋前。目視前方（圖6-108）。

圖 6-108

② 右手持刀，向右、向身後繞行，左臂向左伸展，掌

圖 6-109

圖 6-110　　　　　　　圖 6-111

心朝下；左腳提起。目視前方（圖6-109）。

③左腳向身體左側落地，左腿屈膝前弓，右腿微屈，腳跟提起，身體向左轉90°；同時左手接握刀柄後端，兩手持刀，以刀背領先，貼右肩外側向右、向前繞環，向左砍刀，刀刃朝左，刀尖向前。目視刀身（圖6-110）。

【要點】：

繞刀動作要貼身，上步與斜砍要協調一致。

50. 收勢

①左腳向後撤步，同時身體向右轉90°；兩手持刀，以刀背領先，向下、向右掛刀至身體右側，刀背朝後，刀尖朝下。目視刀尖（圖6-111）。

②右腳向右後撤步，左腳跟提起；同時左手向下壓柄端，隨即接刀，右手持刀以刀尖領先向後、向上繞行至胸腹

劈掛拳

圖 6–112

圖 6–113

前，刀尖朝上。目視前方
（圖6–112）。

③左手抱刀，垂於身
體左側，右手按掌於右胯
側，手心朝下；同時左腳上
步，腳尖點地，成左虛步。
目視左前方（圖6–113）。

④左腳向右腳靠攏，
還原成預備勢。目視前方
（圖6–114）。

圖 6–114

國家圖書館出版品預行編目資料

劈掛拳／中國武術系列規定套路編寫組　編著
——初版，——臺北市，大展，2002〔民91〕
面；21公分，——（中國武術規定套路；2）
ISBN 957-468-170-x（平裝）
1.拳術—中國
528.97　　　　　　　　　　　　　　　91017052

北京人民體育出版社授權中文繁體字版

劈 掛 拳

ISBN 957-468-170-x

編 著 者／中國武術系列規定套路編寫組

責任編輯／張 建 林

發 行 人／蔡 森 明

出 版 者／大展出版社有限公司

社　　址／台北市北投區（石牌）致遠一路2段12巷1號

電　　話／（02）28236031・28236033・28233123

傳　　眞／（02）28272069

郵政劃撥／01669551

E-mail／dah_jaan@yahoo.com.tw

登 記 證／局版臺業字第2171號

承 印 者／國順文具印刷行

裝　　訂／協億印製廠股份有限公司

排 版 者／弘益電腦排版有限公司

初版1刷／2002年（民91年）11月

定　價／300元